小丛书

后新 执行主编／贺云翔

陶器

包桂红 著

CHINESE HISTORICAL
RELICS SERIES,
POTTERY

飞天出版传媒集团
甘肃文化出版社

图书在版编目(CIP)数据

中国文物小丛书. 陶器 / 朱启新主编；包桂红著. ——
兰州：甘肃文化出版社，2012. 12
ISBN 978-7-5490-0392-1

Ⅰ. ①中… Ⅱ. ①朱… ②包… Ⅲ. ①文物—基本知
识—中国 ②陶器(考古)—基本知识—中国 Ⅳ. ①K87

中国版本图书馆 CIP 数据核字(2013)第 000804 号

陶器

包桂红 | 著

责任编辑 | 何荣昌
责任校对 | 王金真
装帧设计 | 陈晓燕

出版发行 | 甘肃文化出版社
网　　址 | http://www.gswenhua.cn
投稿邮箱 | press@gswenhua.cn
地　　址 | 兰州市城关区曹家巷 1 号 | 730030(邮编)

营销中心 | 王　俊　贾　莉
电　　话 | 0931-8454870　　8430531(传真)

印　　刷 | 三河市明华印务有限公司
开　　本 | 787 毫米×1092 毫米 1/32
字　　数 | 120 千
印　　张 | 5.875
版　　次 | 2014 年 12 月第 1 版
印　　次 | 2017 年 10 月第 2 次
书　　号 | ISBN 978-7-5490-0392-1
定　　价 | 28.00 元

人类在漫长的历史进程中创造了无数的文化财富，保存到今天的物质形态，被我们称之为"文物"，实际上就是"文化遗物"，广义上可以称之为物质形态的"文化遗产"，它与非物质形态的文化遗产共同构成了人类的文化遗产体系。

包括"文物"在内的文化遗产是人类进行现代化建设的基石，具有重要的科学研究、历史教育与见证、艺术欣赏与创作、文化传承建设与文化多样性发展、情感认同与良好情操培育、经济开发特别是文化产业及旅游业开发、生态文明建设与可持续发展等广泛价值，因而受到各国政府和民众的高度珍惜、保护与认知。然而，"文物"作为历史的产物，毕竟与今天的生活环境、语境等有着较大的差异，没有专门的知识和概念理解，我们很难把它融入到现代社会生活和文明建设活动中，为此，学习和普及文物知识成为当代文化教育和创新思维训练的重要任务之一，同时也是实现文化遗产现代价值的必要途径之一。

中国是一个有着百万年历史的文化大国和5000年文明历史的文明古国，中国文物可谓博大精深，知识体系浩瀚广阔。面对当前正在建设社会主义文化强国的历史性任务，为了有利于广大青少年学生和社会上的非专业人士学习和掌握文物知识，甘肃文化出版社与南京大学文化与自然遗产研究所合作，组织编写《中国文物小丛书》，按照文物的特质或功能特征及逻辑发展结构，分门别类地对"文物"及相关知识进行梳理，编写成书，逐步出版。希望这套丛书对普及文物及文化遗产知识，提升阅读者对中国古典文化和中国文明体系的认知水平，培育文物艺术欣赏能力，汲取深广的文化营养并作用于文化传承与文化创新事业有所贡献。

中国还是一个有着悠久的文物研究传统的国家。至少从北宋开始，就已形成了文物研究的专门学科——金石学；大约在19世纪初叶，从西方国家又传入了现代考古学。一代又一代的金石学家、考古学家、文物学家以自己的辛勤劳动与杰出智慧，为我们今天编写这套丛书提供了大量可供参考引用的基础性研究成果。在此，我们向他们以及相关成果的原出版机构表示衷心感谢！在丛书编写过程中，原文物出版社《文物》编辑部主任、文物研究专家朱启新先生付出了巨大心力，我们对他表示深切的敬意！我们还要感谢甘肃文化出版社给予中国文物学术事业及文物知识推广普及事业的热情投入！感谢南京大学考古与艺术博物馆、南京大学考古学资料室及南京大学图书馆、中国社会科学院考古研究所资料室等对我们的编写工作所提供的大力支持！

是为序。

2013年4月8日写于南京大学文科楼

目录 | Contents

陶器的基本知识及其发展历史

一、陶器的基本知识

（一）什么是陶器

简单而言，陶器是人类用泥土制作成型，再经过800至1000摄氏度的高温烧造而成的一种新的实用制品。然而，并不是所有的泥土都可以拿来制陶，而是需要筛选适宜的陶土，即具有良好的可塑性的黏土。制陶艺人通过手捏、轮制、模制等方法将拌和、处理过的泥土做成各种成型坯件，等它变得干燥后再置于高温中加以烘烧，使其内部的结构发生性质上的变化，转变成脆而硬的陶质。陶质有坯体不透明、微孔、吸水性、耐火、抗氧、不易腐蚀等特点。

陶器有细陶和粗陶的区分，也有无色与有色、无釉与有釉之分。按品种可分为红陶、彩陶、黑陶、灰陶、白陶、印纹硬陶、釉陶等。各类陶器都有着浓厚的生活气息和独特的艺术风格，多显朴实、古拙、简洁、活泼、素雅，往往带有大众化的倾向；然而，陶器文物中也有富丽、精致、严谨、庄重、高雅以及气质脱俗的艺术品。

（二）陶器发明的传说

陶器起源的真实历史，早已被遗忘了，且被蒙上了一层神秘的面纱。在中国上古时代，有许多关于陶器发明的神话传说，有的被古代文献记载下来。如《逸周书》中记载"神农耕而作陶"。神农，是传说中的三皇之一，他教给人们耕种土地和制作陶器，为民治病而亲尝百草，因而后世奉他为"农神""陶神"和"药神"；《史记·五帝本纪》中记载："舜耕历山，渔雷泽，陶河滨，作什器于寿丘，就时于负夏。"舜，是上古传说中的五帝之一，属于原始社会末期的部族首领，他不可能是发明陶器的人。但因舜在古人心目中有很高的威望，所以人们以制造陶器赞美他的功德。后世陶工把舜尊奉为"窑神"，在陶瓷器皿上还能见到"河滨遗范"之类的铭文。汉代刘向撰写的《列仙传》中记载有一位叫宁封子的人物，他是道教的神话人物，是一位神仙。他曾在黄帝手下为官，主管制陶，即"陶正"。他忠于职守，后来积火自烧，随烟气上升成仙。这些古代传说把陶器的发明归功于上古的圣贤或者神仙人物，反映了人们对陶器发明者的敬仰、尊重和感激之情。

（三）陶器的发明

陶器是土与火的结晶。用泥土作为原料以及火焰的温度控制是形成陶器的"二元素"。先人对于制陶原料即黏土经过火烧后可以成为陶器的掌握，是在不断探索的过程中成熟的。有人推测，最初的陶器可能是因为在篮子上黏附的黏土无意间被火烧过后，泥土变得坚硬了，变得不易漏水、较坚固，于是先人们仿照这一过程发明了陶器。

陶器究竟是怎样发明的，目前尚缺乏可靠的材料予以详尽的说明。摩尔根在《古代社会》一书的注引中指出："古奎是九世纪最早提出陶器发明的第一个人，即人们将黏土涂于可以燃烧的容器上以防火，其后，他们发现只是黏土一种可以达到这种目的。因此，制陶术便出现于世界之上了。"恩格斯在《家庭、私有制和国家的起源》一书中进一步指出："可以证明，在许多地方，也许是一切地方，陶器的制造都是由于在编制的或木制的容器上涂上黏土使之能够耐火而产生的。在这样做时，人们不久便发现，成型的黏土不要内部的容器，也可以用于这个目的。"上述各种说法似乎都有一定的道理，但是目前仍没有确切的结论，有待考古工作及科学实验的进一步发现。总之，陶器的发明是一个漫长的历史过程。精心制作的陶器，不仅是人类重要的生产、生活用具，还因其极具美感的造型、精美的纹饰而成为艺术品。古代的精致陶器是我们的宝贵遗产。

二、陶器的发展史

（一）原始社会时期

陶器的历史可以追溯到旧石器时代晚期。根据考古发现，目前世界上最早的陶制品年代距今已有近两万年，但这一结论还未取得一致赞同。然而可以确定的是，最早的陶器距今至少已有一万五千年，确切的年代尚需进一步探索与研究。

在中国，已发现的年代超过一万年的陶器遗存不止一处，如江西万年仙人洞、湖南道县玉蟾岩等遗址。这说明，中国是世界上发现最早陶器的地区之一，也可能是世界上发明陶器的中心区之一。原始社会陶器的分布相当广泛，几乎遍布全国。从工艺发展来看，大都经历了红陶、彩陶、黑陶与灰陶这三个阶段。

1. 红　陶

最初的陶器，一般是在露天平地堆烧，或是在简陋的尚未形成正式的陶窑中烧成的。这就使得空气充分流通形成氧化气氛，陶土中的铁转化成红色的三价铁，所以颜色多呈现红色，故称为红陶。红陶又分泥质与夹砂两种，制陶方法都是手制，胎体厚薄不均。以素面无纹饰者占多数，花纹装饰有篦纹、划纹、锯齿纹、乳钉纹等。器型有碗、钵、罐、壶、鼎以及三足器等。红陶器中有很多造型新颖，艺术性强的作品，如仰韶文化带流人头壶、大汶口文化红陶兽形壶等。这时的原始艺术家已不再仅仅满足于模仿、写实，而是加上了自己的想象进行再创作，其高超的抽象、概括能力令人叹服。他们制造出来的陶器不仅具有实用价值，而且具有极高的艺术价值。据考古发现，红陶是最早出现的陶器，有着"陶器之祖"的美名。

江西、湖南等地发现的一万年前的红陶残片证实了烧陶技术的最早年代。大约距今6000年左右，红陶的烧制技术遍布黄河流域，并以磁山文化和裴李岗文化的红陶最为典型。

泥质陶与夹砂陶

以黏土为陶土的陶器称泥质陶。在陶土中掺细砂作羼和料的称夹砂陶。泥质陶淘洗掉土中的杂质，因而质地细腻，成型稳定性好。夹砂陶胎质较粗，胎中含砂能提高耐热性，在高温焙烧下不变形，可作炊器。

图1　红陶盂及支座

　　通高20厘米，盂高9.5厘米，口径10.5厘米，底径11.3厘米，支座10.5厘米，磁山文化，现藏于北京故宫博物院。

红陶盂及支座——古人的炊具

　　陶盂及支座以夹砂红陶制成，表面粗糙，素面无纹饰。盂（yú），呈筒形，底径略大于口径，外壁近口沿处口两侧有对称乳钉状凸起，平底。盂可以用来盛放食物与水，当它放到支座上时，就可被加热。此外，陶土里的夹砂能够提高陶器的耐急热、急冷性能。支座由三个独立的靴形支架组成，支架上有类似四边形的支托，下为圆形圈足。这种由盂和支架组合而成的器具，堪称磁山文化陶器中最具特色的陶器之一。磁山文化因1972年发现于河北省武安县磁山村而得名。据科学测试，其年代约为公元前6000年—前5600年。该文化的发现在中国考古学史上有重大意义，它不仅将仰韶文化向更远推进了一千多年，而且在文明探源方面具有很高的价值。

红陶双耳三足壶——更富创造的古代炊具

裴李岗文化距今约7500年，它是仰韶文化的来源之一。陶壶是该文化常见的造型，有多种形状，尤以三足壶最具典型性。

图2　红陶双耳三足壶
　　高13.9厘米，口径6厘米，裴李岗文化，1978年河南新郑裴李岗遗址出土，现藏于中国国家博物馆。

泥条盘筑法

　　我国最早制作陶器的成型方法。新石器时代晚期已较盛行。制作方法是先把和好的泥揉成泥条，然后由下向上盘筑叠起成型，再用简单的工具加工把里外修饰抹平。

图3　带流人头壶

　　通高23厘米，头高7.8厘米，流长4.5厘米，仰韶文化，1953年陕西省洛南县出土，现藏于西安半坡博物馆。

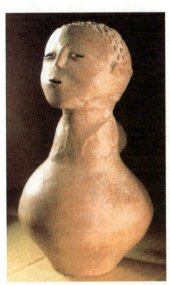

　　这件三足壶为泥质红陶，烧成的火候较低，是以泥条盘筑法手制而成的器物。壶口呈微向外侈的圆形，颈部较高，腹部为球形，圜（huán）底，即底部为圆形而向外凸出，肩部有扁平的半月形对称双耳，耳上穿有小孔，有三个实心矮圆锥形足，足尖外撇。器表磨光，没有纹饰装饰。

　　该三足壶是古代的炊具，由口、腹、底三部分组成，因为腹呈球形，内中盛装的容积很大。三足的存在，一方面可以使器物稳定，另一方面三足之中形成的空间，可以置火架烧，既满足了实用的需要，又显得美观。此件红陶双耳三足壶，器形规整、造型别致、圆浑饱满、质朴结实、敦厚稳重，给人以雄浑的阳刚之美，体现了古人的创造智慧。

带流人头壶——神秘的微笑

　　带流人头壶用红陶制作而成，壶顶端塑成人头形，鼓腹、后背有孔形流，手臂短小置于腹前，平底。人物五官清秀，笑容可掬，发辫弯曲，尤有特点。整体造型生动逼真，似为女童形象，也有人认为是女神形象。尤其双唇微启，双眼眯缝，像是在诉说着什么，或幻想着什么、庆贺着什么。展现在我们面前的神秘微笑，让人充满想象，等待着人们继续寻找合理的答案。从它的用处看，有可能是贮水的容器，也可能是艺术品，更有可能是用于祭祀的器物，暂无确切定论。这件精美的陶塑艺术品既显示了新石器时代陶塑艺术已日趋成熟，又再现了古人的智慧创造，是我们宝贵的文化财富。

红陶兽形壶——朴拙可爱的小猪

红陶兽形壶，夹砂红陶，壶体被塑造成似猪的兽形，躯体肥壮，四腿挺直站立，双耳竖起，翘着短尾，昂首张口，好像正在张着嘴巴向主人讨要食物，形象生动活泼，惹人喜爱。此器物在实用构思上也很新颖，尾根部一筒形口，可由此注入水或酒，将其腹部作为贮存器，并且巧妙地利用兽口向外倒水或酒。此壶造型构思奇妙，把动物的形态与实用有机地结合在一起，造型生动，令人赞叹。从中可以看出，大汶口文化时期的先民们不仅掌握了动物各部位的比例结构，使动物的造型逼真，而且已经能够突破写实，形象地再创造。就以此壶为例，无论从哪个角度看，人们都会为它朴拙可爱的外形而忍俊不禁。在大汶口遗址中，三分之一以上的墓葬用猪随葬，可见当时养猪业相当发达。人们的生活需要猪，死后还将猪作为私有财产随葬墓中。猪在人们的生活中占有重要地位，于是有人将猪的形象塑成器物以供使用和观赏。

图4　红陶兽形壶

　　高21.6厘米，大汶口文化，1959年山东泰安大汶口遗址出土，现藏于山东省博物馆。

2. 彩 陶

　　新石器时代中期，正是母系氏族社会的鼎盛时期。此时各地色彩绚丽的彩陶涌现出来，成为重要的时代特征。考古资料表明，这一时期的文化遗址中，以黄河流域和长江流域分布相对密集，如仰韶文化、马家窑文化、大汶口文化、大溪文化、屈家岭文化等；此外，还有北方的红山文化、富河文化以及新开流文化等。这些遗址中普遍发现了彩陶，尤以仰韶文化和马家窑文化的彩陶富有特色。

　　(1) 仰韶文化

　　仰韶文化的陶器均为手制，以夹砂红陶、泥质红陶为主，常见的器物有泥质红陶敞口浅腹平底或圜底的钵、盆，泥质或细砂质的小口尖底瓶。平底器较多，三足器和圈足器少见。彩陶纹样是在陶器未烧以前就画在陶坯上，烧成后彩纹固定在器物表面不易脱落。有的在彩绘之前，先涂上一层白色陶衣，使彩绘花纹更为鲜明。纹饰多绘于泥质红陶盆、罐、钵的外壁上部，形成花纹带，内壁绘彩和通体绘彩者少见。彩陶纹饰主要是花卉图案和几何形图案。此外，也绘有动物纹，尤

陶 衣

　　把较细的陶土或瓷土经淘洗加工，用水调和成泥浆涂在陶器坯体表面上，器物表面就留有一层薄薄的色浆，入窑烧成后即形成陶衣。陶衣也有一个很形象的名字叫"化妆土"，有白、红、赭等颜色，可以使陶器表面光洁美观，将彩陶花纹衬托得更加鲜明。

以鱼纹非常突出，不仅有写实的，还有人、鱼结合的奇特形象；以直线、曲线、折线、圆点和弧边三角等组成的几何形纹，也较常见。彩绘以黑色为主，也兼用红色。彩陶器形非常丰富，有杯、钵、碗、盆、罐、瓮、瓶、釜、灶、鼎等，其中有一种小口尖底瓶，体形挺秀修长，极富特色。

彩陶人面鱼纹盆——特殊的葬具

国宝级文物。细泥质红陶，通体施赭红色陶衣。该彩陶盆为仰韶文化半坡类型彩陶的代表作。盆中绘有黑彩的人面纹和鱼纹，

图 5　彩陶人面鱼纹盆
　　高16.5厘米，口径39.5厘米，仰韶文化，1955年陕西西安半坡遗址出土，现藏于中国国家博物馆。

对称排列。人面纹由圆形人面、直线眼、倒
"T"形鼻子、"工"形嘴等组成，耳部为鱼
形，头顶与两颊为三角状变形鱼纹，人面旁
饰有鱼纹，口沿上有三角和竖线相间纹，构
成了形态奇特的人鱼合体图案。

仰韶文化流行一种瓮棺葬的习俗，把夭
折的儿童放置于陶瓮中，以瓮为棺，以盆为
盖，埋在房屋附近。人面鱼纹彩陶盆在半坡
遗址中发现得较多，出土时覆盖在瓮棺上，
作为葬具的顶盖，盆底部的小孔供灵魂的出
入。这种人、鱼题材的图案可能与当时人们
的图腾崇拜和经济生活有关，也可能象征着
人们期盼富足的美好愿望。此外，陶盆人面
绘制较为复杂，人物冥思的神态与游鱼密切
的关系不难让人们将其与原始社会的巫术相
联系起来。有的学者认为，这是巫师通过一
些巫术活动进入冥界为夭折的儿童招魂；还
有一些学者认为人面鱼纹图案有祈求人口繁
衍的寓意。该彩陶盆内涵丰富，有着非常重
要的历史、艺术价值。

图6　小口尖底瓶

　　高46.3厘米，口径5.7厘米，仰韶文化，1958年陕西宝鸡北首岭出土，现藏于中国国家博物馆。

小口尖底瓶——神器与劝诫之器

　　此小口尖底瓶呈纺锤状，顶部为一圆形杯状小口，颈部略细于口部。深腹中部圆鼓，尖锥形底部，器身中部有对称的双环形耳。颈部以下饰黑彩，上腹部饰细密的斜线纹，其余器表素面磨光。在其腹部两侧的环耳处有小孔，可以系绳，便于携带或搬动。

　　关于小口尖底瓶的用途说法较多。一般认为它是一种汲水器，利用重心转换原理来调节平衡，可以方便地从河流中取水，但是目前这一说法已不占据主导地位。有一种说法认为，它可能与原始宗教和礼仪有关，是仰韶文化时期神职人员使用的祭器；还有一种说法认为是古代的劝诫器。有一次，孔子到鲁桓公庙参观，见一倾斜放置着的小口尖底瓶，不知是何物，就问守庙的人。守庙人答："是宥（yòu）坐之器。"宥为劝诫的意思。孔子说："听说这宥坐之器，虚则欹（qī），中则正，满则覆，果真如此吗？"取水试验后，发现果然如此。孔子感慨地说："正如古语所说，'满招损，谦受益'呀！"

　　造型别致而美观的小口尖底瓶，是仰韶

文化中灿烂的艺术创造，有着丰富的意义和
内涵，凝聚了古代人们的智慧和创造。

水鸟啄鱼纹彩陶壶——上演鱼鸟之战

细泥红陶，手制而成。蒜头形口，口部
上包圆鼓起，有一小孔，长颈，溜肩，扁折
腹，下渐收，平底。主题纹饰为黑彩水鸟啄
鱼纹。细长身躯、呈弧形盘曲于陶壶肩部的
鱼，头呈方形，圆目，头两侧有鳃，头与背
部均有斑点状花纹，腹部为"U"字形弧状花

图7 水鸟啄鱼纹彩
陶壶

高21.6厘米，口
径2.1厘米，底径8.5厘
米，仰韶文化，1958年
陕西宝鸡北首岭遗址
出土，现藏于中国国
家博物馆。

8

纹，背有两鳍，腹有一鳍，尾部分三叉，似为龙的原始形象。水鸟正用尖长的喙部啄鱼儿的尾部。

　　这件彩陶壶上面的鱼形体较大，形象较奇特，身上有大片鳞甲，鱼头两侧有突出的鳍状物，尾小且分叉，此鱼形象与中原龙山文化彩绘陶器上的蟠龙纹大致相似。水鸟与鱼二者似乎势均力敌，但是水鸟的表现似乎较为主动，鱼表现出一种被动的模样，像是一场"鱼鸟之战"。在古代有图腾信仰的部落中，以鱼为图腾的氏族与以鸟为图腾的氏族之间可能存在着对峙和征战的情况。可以说，这件彩陶壶的"水鸟含鱼"图极为形象地展现了远古时代鱼鸟两氏族之间相战的复杂关系，隐喻鸟图腾氏族与鱼图腾氏族的争斗。

彩陶几何纹盆——神秘的丧葬文化

　　盆为泥质红陶，折沿，深直腹，圜底。口沿及外腹部均以黑彩描绘纹饰，口沿上描绘以点定位的水波纹，腹部描绘两层三角形几何纹，两层三角形纹饰的大小及形状相同，但方向相反，可能是由鱼纹逐渐抽象演变而来。这件彩陶盆属于仰韶文化半坡类型。半坡类型的彩陶中具有代表性的器物有圜底钵、卷唇折腹圜底盆、小口细颈大腹壶、尖底瓶等，且器物纹饰多用黑彩描绘。其显著特点是纹饰中动物形象较多，但是几何图案仍是主体内容，主要有带纹、竖线、斜线、波折线、三角纹等。此彩陶盆的造型和纹饰即集聚了半坡类型彩陶的典型特征。据推测，该彩陶盆可能也是丧葬用器，与人面鱼纹盆的功能相类似。关于其纹饰的含义目前还没有较为统一、合理的解释，一般认为反映了原始文化中的宗教理念，这些纹饰蕴含着古人最为淳朴、诚挚的敬畏心理。这件器物既是远古社会的文化产物，又是艺术杰作。

图 8　彩陶几何纹盆

　　高 16.4 厘米，口径 37.4 厘米，仰韶文化，现藏于北京故宫博物院。

(2) 马家窑文化

马家窑文化又称甘肃仰韶文化，是彩陶十分发达的一支文化。彩陶在整个陶器中约占80%，在中国所有的彩陶文化中，这个比例是最高的。纹样多为波状形或旋涡纹，图案构图繁密、回旋多变，生动且富有韵律。该文化的旋涡纹四系彩陶罐，器身上部有三层纹饰——花卉纹、旋涡纹和水波纹，纹饰安排有条不紊，疏密相间，线条流畅，充满动感，可见施绘者高超、娴熟的技艺。动物纹和人像纹少见，但极富特色。彩陶罐、壶和瓶，比例匀称，棱角分明，上下谐调，造型别致优美，腹形丰满。

图9　涡纹彩陶罐
　　高50厘米，口径18.4厘米，底径15.9厘米，马家窑文化，1956年甘肃永靖三坪征集，现藏于中国国家博物馆。

涡纹彩陶罐——彩陶之王

泥质红陶。器形高大，器敛口，宽肩，腹以下渐收，平底。腹两侧有半环耳，便于系绳提拿。从口沿、肩部到腹部用弦纹分成大小三组，用黑彩绘出旋涡纹和水波纹，线条流畅、图形美观、繁缛瑰丽。这是一幅表现当时人类与水密切相关的图案，其绘画技法已相当纯熟，极具动感和张力。这种旋涡纹正是远古先民们对河水湍急汹涌的图案化写照，从罐的口、肩向下俯视，可以看到彩陶罐的全部纹饰，那流畅自然的线条，仿佛是流动着的节奏和韵律，使人感到眼前有无数旋转的水涡和涌动起伏的波涛，其韵味无穷的构图意境，似乎能让人们看到浪涛翻滚的急流中激起的一圈圈涟漪，展示了先民神奇的艺术创造才能。这件涡纹彩陶罐是马家窑文化中期彩陶的一个杰出代表，是马家窑文化的典型器物，享有"彩陶之王"的美誉。

舞蹈纹盆——我国最早的人物画

陶盆用细泥红陶制成，呈橙红色。上腹部为弧形，大口微敛，卷唇鼓腹，下腹内收成小平底，施黑彩。内壁口沿画有三组舞蹈人，各组均为五人，舞者手拉着手，面均朝向右前方，两腿稍微叉开，步调一致，似踩着节拍在翩翩起舞。人物的头上都有发辫状饰物，身下也有飘动的斜向饰物，头饰与下部饰物分别向左右两边飘起，增添了舞蹈的动感。每一组中最外侧两人的外侧手臂均画出两根线条，好像是为了表现臂膀在不断地摆动的样子。三幅画面用八条下垂的内向弧线隔开来，像柳枝在和风中摆动。四条环腹

图10　高14.1厘米，口径28厘米，马家窑文化，1973年出土于青海省大通县上孙家寨，现藏于中国国家博物馆。

的圈带纹，给人以湖边水波荡漾之感。据此可以想象出一幅画面，欢乐的人群簇拥在水边载歌载舞，欢快热烈，场面壮阔。舞蹈者有可能是在祭祀活动中祭拜自己的祖先，表达对祖先的尊敬和纪念；似乎也传递着期盼祖先能够保佑人们拥有美好生活的愿望。舞蹈者形象以单色平涂手法绘成，造型简练明快，笔法简练、质朴真实，是我国最早的人物画。

彩陶蛙纹壶——祈祷繁衍兴旺

壶为泥质红陶，口部微外侈，薄唇，球形腹，小平底，腹部两侧有对称双耳。器身腹部橙红色陶衣上以黑彩描绘有变形蛙纹。

图案线条流畅，富于变化，与造型协调一致。蛙纹的含义来源为青蛙能产下许多卵，孵出许多蝌蚪，这正是繁衍旺盛的象征。变形蛙纹作为马家窑文化马厂类型彩陶上常见的装饰纹样之一，体现了远古人们对于繁衍生殖的期待。

　　马家窑文化的彩陶器型优美，造型极其丰富，盆、钵、壶、罐、瓮、碗等无一不有，但最令人神往的是它的彩绘图案。大多用黑彩在泥制红陶或橙黄陶的颈部与上腹部，绘

图11　彩陶蛙纹壶
　　高42厘米，口径13.1厘米，马家窑文化，现藏于北京故宫博物院。

制出颜色鲜艳、线条流畅的图案花纹，这些图案花纹有的来自大自然的写实图案，如各种花瓣纹、水波纹以及鸟、蛙等动物纹，还有抽象的几何线条装饰，这些既写实又抽象的图案花纹想象奇特，形态优美，奔放自由。不仅散发着原始艺术扑朔迷离的内涵和永恒的魅力，还包含着史前时期众多神秘的社会信息、文化信息，是我们珍贵的文化遗产。

（3）大汶口文化

大汶口文化的陶器以夹砂红陶和泥质红陶为主。八角星纹是大汶口文化特有的装饰图案。八角星纹彩陶豆，在红色陶体上以白彩绘八角星，并以黑彩钩轮廓，纹饰简洁，色彩对比强烈。广腹、细腰、喇叭形足造型，亦形成一种秀美、灵动的感觉。大汶口文化的陶器中，最显著的成就是出现用高岭土烧制的白陶，因泥胎中氧化铁含量低，所以烧成后胎呈白色。器形多是容酒器——鬶（guī)，即一种炊、饮两用的陶制器具，口颈呈喇叭状，流口上翘形如鸟喙，腹部扁圆、丰满，下体三空心袋足外侈。陶鬶是大汶口文化的典型器物，夷人部落以鸟为图腾，所以整体造型似嗷嗷待哺、警觉欲飞的鸟儿。陶鬶虽未明确地刻画出鸟的形象，但整体造型生动而可爱。这种典雅高贵、制作精良的酒器，应是专供氏族中地位最高的人物享用。

八角星纹彩陶豆——盛装神圣的贡品

泥质红陶，豆盘为圆唇斜口、深腹，喇叭形高圈足，腹和圈足部位涂抹了一层深红色陶衣，斜口的沿面绘有白色彩地，上面用褐、红等彩色绘出半月形与若干竖线段相间而组成的图案。腹部用白彩在深红色陶衣之上绘出五个方心八角星状纹样，各八角星之间同样用两列白彩竖线段间隔。圈足部位绘两圈褐色彩带，彩带之上用白彩绘有贝形纹样。关于这种纹样的含意，有学者认为是表现光芒四射的太阳；也有学者认为四射的八角象征无际的天空，中间的方形象征着大地，有天圆地方之寓意。从出土情况看，彩陶豆多来自墓葬，豆盘内往往盛装着猪蹄、颚骨、猪头等供品。如此精美的彩陶，在5000年前的原始社会中不太可能是人们日常生活中的普通用具，应该是先民最崇尚、最重视的祭祀活动中的礼仪用品。这件彩陶豆在纹样构

图12　八角星纹彩陶豆
　　通高28.4厘米，口径26厘米，足径14.5厘米，大汶口文化，1978年出土于山东泰安大汶口遗址，现藏于山东省博物馆。

图和施彩作画方面集中体现了大汶口文化彩陶艺术的较高水平，是一件极其宝贵的原始艺术珍品。

白陶鬶——鸟图腾崇拜

　　此鬶呈灰白色，口颈呈喇叭形状，流口上翘作鸟喙状，颈部粗短形似漏斗。圆环形提梁，上连颈部，下接器身，表面按压成绞索状。腹部略呈球形，腰部有一周横向附加堆纹，表面压印成花边形的装饰。三只肥大的空袋足，呈鼎立形式均匀分布于腹部下方。

　　白陶鬶造型独特，如一只伸着长喙的鸟儿正引吭高歌。底部的三只袋足起稳定支撑作用，同时亦可增加受热面积缩短烹煮时间。陶鬶是远古时期人们用来烧水或温酒的容器，白陶鬶则是这类器型中的稀有物种。白陶鬶并非实用器，它可能被置于比较重要的场合，具有礼器的功能。这件白陶鬶造型稳重，制作精致，保存完好，是目前我国所有白陶鬶中历史最悠久、造型最美观、形制最完整的一件。

图13　白陶鬶
　　高14.8厘米，大汶口文化，1959年山东省泰安市大汶口出土，现藏于中国国家博物馆。

（4）红山文化

北方地区的彩陶文化以红山文化为例。红山文化与仰韶文化同时，分布在西辽河流域，在其发展中同仰韶文化相交汇而孕育了多元的文化特质，是富有生机和创造力的文化，内涵丰富而灿烂。该文化的手工业达到了很高的水平，形成了极具特色的陶器装饰艺术和高度发展的制玉工艺。红山文化的彩陶多为泥质，以红陶黑彩的最为常见，花纹十分丰富，造型生动朴实。

彩陶碗——高规格器具

红山文化因最早在内蒙古自治区赤峰市红山后遗址发现而得名，分布于内蒙古自治区东南部、辽宁省西部、河北省北部和吉林省西北部，年代从公元前3500年左右开始。红山文化彩陶特点鲜明，多是在细泥红陶上以黑彩绘出纹饰，敷彩面一般较大，要占到陶器表面的大半位置。主要器型有碗、小口双耳罐、长颈深腹罐、敛口罐、盆和瓮等。彩陶的纹饰以菱格纹、钩旋纹和叠弧纹最有特色，还有并行斜线纹和平行竖线纹等，也有并列三角纹、类似花瓣纹等。

图14 彩陶碗

红山文化彩陶碗，1977 年内蒙古自治区赤峰市敖汉旗小河沿出土，现藏于中国国家博物馆。

这件彩陶碗是红山文化中最常见的器物之一，大口、深腹向下内收，平底。以黑色、红色绘有菱格纹，黑彩衬红底，层层相叠，绘制严谨工整，朴素又大方。如此精美的彩陶碗应该非供一般人使用，很有可能是当时较有权力的阶层所用的高规格食器，更有可能是用于神圣场合的器具。

彩陶鸟形壶——源于生活的艺术创造

夹砂红陶。整个壶的造型为鸟形，昂首

蹲立，伸颈张嘴，像一只嗷嗷待哺的雏鸟，生动可爱。鸟口大张为流，上有圆孔为鸟眼，鼓腹，腹两侧有一对弧形耳，短尾上翘为鋬，平底。鸟儿头部、颈部装饰有带状黑彩。利用动物形体来做器物形状的这一现象在红山文化的陶器中较为罕见。该文化的彩陶纹饰多为直线条、斜线条、三角形纹和菱形纹等。此器造型生动，新颖别致，圆浑饱满，极富动感，雕塑手法虽显稚拙，但极富生活气息，表现出了远古先民细腻的观察力。

图15　彩陶鸟形壶

　　高36厘米，腹径32厘米，底径11厘米，红山文化小河沿类型文化，1977年内蒙古赤峰翁牛特旗大南沟墓葬出土，现藏于赤峰市博物馆。

3. 黑　陶

　　大约距今5000年—4000年，我国进入了原始社会晚期，即新石器时代晚期。此时的陶器制作技术进入了全新的阶段，烧陶技术实现了从烧氧化焰到烧还原焰的转变，制作工艺精良的黑陶开始出现，并成为了划时代的标志。1928年4月，中国考古学家吴金鼎先生在山东省考古调查时发现了城子崖遗址，后来在原国立中央研究院历史语言研究所考古学家李济、董作宾、梁思永等人组成的考古队协同下，对其进行了发掘。出土的陶器以黑陶为主，特别是一种"蛋壳黑陶杯"最具代表性。黑陶的发现轰动了整个世界，被称为中华瑰宝，因它发现于章丘县龙山镇，所以被命名为"龙山文化"，也称"黑陶文化"。黑陶是继彩陶之后的又一杰出创作，它具有深厚的历史文化内涵，被誉为"土与火的艺术，力与美的结晶"。在这一时期，出现了私有财产与贫富分化，氏族贵族也随之产生，黑陶因珍贵精美而成为了当时的重要礼器。

礼　器
　　中国古代贵族在举行祭祀、宴飨、征伐及丧葬等礼仪活动中使用的器物，用来彰显使用者的身份、等级与权力。

蛋壳黑陶杯——尊贵的礼器

这件高柄杯以泥质黑陶制成，器表乌黑光亮，陶杯宽斜口沿，深腹杯身，细管形高柄，圈足底座。杯腹中部装饰六道凹弦纹，细柄中部鼓出的部位中空，并装饰细密的镂孔，貌似笼状，其内放置一粒陶丸，将杯子拿在手中晃动时，陶丸碰撞笼壁会发出清脆的响声。杯子站立时，陶丸落定能够起到稳定重心的作用，可谓设计巧妙。杯壁厚度均匀，薄如蛋壳，最薄处仅为0.2~0.3毫米，但质地却极为细腻坚硬，有"蛋壳黑陶"之美誉。这类器形仅见于少数大中型墓葬，极可能是一种显示尊贵身份的礼器。该器体态轻盈，挺拔秀丽，制作技艺美妙绝伦，乃是件绝无仅有的古代艺术珍品。

蛋壳黑陶杯是中国古代陶器中的杰作，它"黑如漆，亮如镜，薄如纸，硬如瓷，掂之飘忽若无，敲击铮铮有声"，被考古界誉为"四千年前地球文明最精致之制作"。

图16 蛋壳黑陶杯

高22.6厘米，口径9厘米，龙山文化，山东省日照市潍坊姚官庄出土，现藏于山东省博物馆。

黑陶罐——"陶器中的黑珍珠"

这件黑陶罐为盛储器，轮制法制作而成，器型规整，造型典雅，线条优美，打磨光滑。器壁薄而均匀，通体黝黑发亮，光泽沉着典雅，显示出黑陶秀美韵致的独特风格，被誉为"陶器中的黑珍珠"，是龙山文化黑陶中的典型器物。龙山文化陶器选用的泥土土质特别细腻，无沙，且黏性大，过滤后被制成泥坯，拉皮成型后，再经反复打磨，直到陶坯表面光滑如镜。从这件陶罐上就可看出其制作的精细程度。龙山文化时期，已普遍使用

轮制法

轮制法，即用轮车制作陶瓷器的方法，始于新石器时代晚期。轮车为一木制圆盘，盘下有立轴，轴上下有枢纽，便于圆盘旋转，操纵时拨动圆盘使之转动，利用轮车的旋转力，用手将泥捏成所需的器型。轮制法与泥条盘筑法相比，是很大的改进，制作的器壁厚薄一致，器形弧度规矩，器表光润。

图17 黑陶罐

高22厘米，口径13.3厘米，底径6.3厘米，龙山文化，1974年—1975年山东省胶县三里河出土，现藏于中国国家博物馆。

快轮制陶，用这种制陶方式制作出来的陶器器形规整，器壁厚薄均匀，质地坚硬，质感细腻而润泽。

（二）夏商周至元明清时期

1. 夏商周时期

夏代陶器以灰陶为主，分泥质灰陶和夹砂灰陶，还有黑陶和棕陶，红陶极为少见，还有少量白陶器。主要器形有作炊器的鼎、罐、甑（zèng），作饮器的觚（gū），作食器的豆、簋（guǐ）、钵、三足盘，作盛器用的盆、瓮（wèng）、缸等。陶器纹饰以篮纹为主，还有方格纹、绳纹、回纹、涡漩纹、云雷纹、圆圈纹等。此外，夏代陶器盛行在器表加饰数周附加堆纹、划纹、弦纹。器形以平底器和三足器为多，圜（huǎn）底器少量出现。夏代陶器在烧制工艺上有了些进步，这一时期的陶器制作一般都比较工整，火候高，质量较好。

商代青铜器的制作成就辉煌，但普通人日常生活的主要用具仍以陶器为主。商代陶器仍以灰陶为主。陶器纹饰主要是绳纹，其他纹饰较少。器形以圜底器、三袋足器、圈足器为主，也有平底器。但到后期，白陶和印纹硬陶有很大发展，尤以白陶最为精美，纹饰采用青铜器的艺术特点，装饰华丽，弥足珍贵。同时，还出现了用高岭土作胎施青色釉的原始瓷器。

饕餮纹白陶双系壶——贵族礼器

双系壶壶口微内收，口以下渐广，下腹饱满，圈足。肩对称置有圆孔系，与系对应的圈足上有两个圆孔。器身通体雕刻饕餮（tāo tiè）纹。饕餮是古代传说中一种贪食的恶兽，商周时期的青铜器上多用它的头部形状来作为装饰，借用此图案的寓意可能与戒贪有关。用"饕餮纹"来命名青铜器上的这种图案化的兽面始见于宋代著名的《宣和博古图》。

此壶造型规整、纹饰雕刻细腻、图案清晰、雕刻技法娴熟，堪称商代晚期白陶的代表作。白陶早在新石器时代晚期就已出现。商代时由于烧制温度提高，原料的淘洗较精细，使得白陶质地更加洁白细腻。这件白陶壶无论是造型还是纹饰均模仿当时的青铜器，

陶器的基本知识及其发展历史

图18　饕餮纹白陶双系壶
　　高22厘米，口径9.2厘米，足径9.2厘米，商代，出土于河南省安阳市，现藏于北京故宫博物院。

显示出商代陶器制作水平的高超。商代白陶属于贵族使用的器皿，其流行也许与商代人们在颜色方面崇尚白色有关。

　　西周时期陶器仍以泥质灰陶和夹砂灰陶为主，器形以平底器、三足器、圈足器为主，主要有鬲（lì）、豆、盆、罐、瓮等，其中鬲的造型变化最为明显，器形由高变低，鬲档也随之变化，逐渐退化。西周后期出现了一些仿铜器纹饰和造型的陶器，印纹陶也比较盛行，白陶几乎不再出现。此外，建筑用陶得到很大发展，出现了瓦、陶水管等。

灰陶双耳带盖簋——礼制的反映

簋（guǐ）是中国古代用于盛放煮熟饭食的器皿，流行于商朝至东周时期。早期的簋无耳，后来才出现双耳、三耳或四耳。此外，簋也是商周时期的重要礼器。礼器即中国古代在祭祀、宴飨、丧葬以及征伐等活动中使用的器具，其使用的规格有严格的等级限制，用以表明使用者的地位、身份、权力。簋作

图19 灰陶双耳带盖簋
　高34厘米，口径21
厘米，西周，现藏于中国
社会科学院考古研究所。

为礼器，在宴飨和祭祀时，以偶数与列鼎配合使用。史书记载，天子用九鼎八簋，诸侯用七鼎六簋，卿大夫用五鼎四簋，士用三鼎二簋。

这件灰陶簋以细泥质灰陶制成，直口微外侈，深直腹略内凹，有盖，高圈足，腹部两侧的口沿与底间有两个对称的兽形耳。口上覆盖有敞口、鼓顶带握手的器盖，并饰有数周弦纹。该器仿青铜器造型，应是随葬明器。

夏商周时代，除了中原地区以外，我国的东北、西北、东南及华南地区也有着精湛的制陶工艺，各地出土有大量的陶器。如位于东北地区的夏家店下层文化，在年代上相当于中原的夏商时期，属于青铜时代文化。陶器以夹砂灰陶和棕陶为多，泥质陶较少，还有少量红陶和黑陶，火候较高，陶质坚硬，制作较好。器形以筒形的附耳鬲、凸腹矮颈罐等为主，有较强的地方特色。纹饰尤以红、白两色描绘的卷曲云纹图案最为精美华丽，纹饰繁缛、构图精致。

彩绘四系陶罍——极富艺术的礼制用器

罍（léi），大型盛酒器和礼器，流行于商晚期至春秋中期。罍有方形和圆形两种，方形

图20　彩绘四系陶罍

高30厘米，口径11.6厘米，领高3.5厘米，肩径24.4厘米，底径11.2厘米，夏家店下层文化，内蒙古自治区赤峰市敖汉旗大甸子遗址371号墓出土，现藏于中国社会科学院考古研究所。

罍出现于商代晚期，而圆形罍在商代和周代初期已有出现。从商到周，罍的形式逐渐由瘦高向矮粗转变，繁缛的图案逐渐减少，变得素雅简朴。这件彩绘陶罍以泥质黑陶制成，造型精美，小口短颈、圆肩、肩部饰有四耳。耳为环形，平底。以黑色器表为底，用红、白两色矿物颜料进行彩绘，肩部以上绘两组兽面纹，器表绘满其他类似勾云纹的装饰。繁缛的花纹配以精湛的工艺，显得深奥神秘、凝重大方。夏家店下层文化出土有大批制作精细、纹饰华美、风格独特的彩绘陶器，可以推测当时已具有较高技术水平和工艺水平的制陶业。

西北地区的青海、甘肃一带有寺洼文化、辛店文化、沙井文化等，它们的陶器制作工艺受齐家文化的影响很大，但仍有着地域特点和独特风格。东南和华南地区夏商时期有石峡文化、昙石山文化、黄土仑文化等，出土的陶器也较多。

犬纹太阳纹双耳罐——尽显畜牧生活特色

辛店文化在甘肃境内，稍晚于齐家文化，其年代相当于中原地区夏、商、周时期。

辛店文化的陶器在颈、肩部多饰横向纹饰，在腹部多饰竖向纹饰，显得稳重挺拔。彩绘图案以平行线纹、三角纹、"S"形纹、双钩纹、涡漩纹和"X"形纹等纹饰为主，也有少量变形的鹿纹、太阳纹、花草纹、鱼纹等。这些别具一格、笔触粗犷的纹饰也构成了辛店文化的特色。这件双耳罐打磨光亮，造型优美，口部绘有"S"形装饰，腹部绘以双钩曲纹，间以太阳纹装饰，这一形象鲜明生动、线条流畅自然的纹饰表现出与中原器物完全不同的风格。尤其是双钩曲纹的左右两侧向上勾曲的纹样好像两只大羊角向上卷曲，可以看出古代羌人的畜牧生活特色。

图21　犬纹太阳纹双耳罐
　　　高41.6厘米，最大直径39.5厘米，辛店文化，现藏于北京古陶文明博物馆。

印纹硬陶把杯——精美祭器

黄土仑遗址位于福建闽侯县鸿尾乡石佛头村鸿尾中学校园之内，是一处较为典型的青铜时代遗址，相当于商周时期福建地区的一种土著文化，也可以说是一处受到中原商文化影响而又独具地方色彩的文化遗存。经碳十四测定，确证其年代应距今3250年左右。黄土仑文化陶器的装饰工艺有拍印、刻画、锥刺、堆塑四种方法，其成型工艺以轮制为主。在诸多出土的陶器中，仿青铜礼器造型和装饰的陶器占据较大的比重。印纹硬陶把

图22　印纹硬陶把杯
高11.6厘米，口径10.6厘米，商晚期黄土仑文化，福建省闽侯县鸿尾黄土仑出土，现藏于福建博物院。

杯以泥质灰硬陶制成，呈筒形，直口微敛，深腹略鼓，圈凹底座，座沿凸出有棱，近底部有脊棱一周。杯身刻画双线锥点纹、连回纹，而杯把造型则甚为奇特，如夔龙跃跃欲试，夔龙状把连接口沿与腹部，极富动感。此杯工艺精细，制作精良，造型优美，应为当时祭祀所用的珍贵礼器，是福建地区早期印文硬陶不可多得的精品。

2. 春秋、战国、秦汉时期

春秋战国时期，陶器仍以灰陶为主，且多为轮制。从出土资料来看，日常生活中使用的陶器种类渐少，纹饰也趋向于简单化，而用于随葬的明器数量增多，较为常见的组合是鼎、豆、壶。此外，这一时期开始出现大量陶俑，不过造型较小，制作也较为简单。

云雷纹黑陶提梁盉——仿铜礼器

盉（hé），是古代的盛酒器，是古人调和酒、水的器具，用水来调和酒味的浓淡。盉的形状较多，一般是圆口，深腹，有盖，前有流，后有鋬（pàn），下有三足或四足。

这件盉用泥质灰陶制成。器表黑皮磨光。平口，短颈，丰肩，扁圆形腹，圈底，下有

图23 云雷纹黑陶提梁盉
通高19.8厘米，口径
7.2厘米，东周，1979年江
西贵溪墓葬出土，现藏于
江西省博物馆。

三兽形蹄足，腹一侧有兽首形流，齿形尾，
半圆形提梁，梁上有齿状棱脊。器盖为圆形，
子口，半圆形钮。肩和腹部饰有云雷纹和曲
线纹，以三道凸弦纹相界。云雷纹是一种原
始纹样，图案呈圆弧形卷曲或方折的回旋线
条。圆弧形的也单称云纹，方折形也称雷纹，
云雷纹是两者的统称，出现在新石器时代晚
期，可能从漩涡纹发展而来，也可能脱胎于
指纹。这种装饰纹样一方面反映了古人在装
饰规律和形象塑造技艺上的进步，另一方面
也反映了原始艺术的质朴风格和生活趣味的

减少。此陶盉造型美观，工艺精巧，仿同形铜器，形象逼真，是东周时期陶器的典型代表。

磨光压划纹黑陶鼎——典型战国器物

磨光压划纹黑陶鼎以泥质黑陶制成，敛口，鼓腹，下附三蹄形足，口沿附竖耳，仿青铜器的造型。它的腹部以一道凸弦为界，鼎盖花纹规矩细致，中心是黑色圆面，以下第一层为云纹、菱形纹内填波折纹组成的纹饰；第二层为光亮带；第三层是压划的内填波折纹的三角纹，显得规矩而整齐。鼎腹中心装饰着一周六组变形虎纹，虎头昂起，虎

图24　磨光压划纹黑陶鼎
　　高41.1厘米，最大径39.5厘米，重8.8公斤，战国，1977年河北中山王墓出土，现藏于河北省文物研究所。

目圆睁，虎尾上扬，四蹄腾空，虎纹用压划手法制成，以打磨光亮的黑线作为花纹轮廓，身体和尾巴上填以细细的波折纹。

中山王墓出土了一批精美的黑陶明器。这批器皿造型规整，器表既黑又亮，纹饰精细多样，华美程度令人赞叹。此器形体较大，年代确切，为典型的战国鼎的形制，也是重要的断代标准器物。

朱绘兽耳陶壶——精美陶制礼器

壶是古代盛酒或盛水器，也是上古时期祭祀神灵和先祖的重要礼器之一，往往与其他礼器成组使用。此壶为泥质灰陶，陶胎呈深灰色，壶口为方形，有盖，盖面大于壶口，颈部细长，腹鼓出，最宽处在腹之中段，故无下垂感，圈足外撇，较高。颈部四周有对称兽耳和兽面衔环铺首（铺首指门上或器物两侧用以衔环的底盘）各一对，颈下半部及腹部剔出四方形及四圆形用作装饰。通体朱绘流云纹。此陶壶形体高大，造型及纹饰均完全仿制青铜礼器壶，有鲜明的时代风格。造型优美，制作精细，反映了战国时期制陶工艺技术的水平，是战国陶器中的珍品。战

图25　朱绘兽耳陶壶
　　通高71厘米，口径20厘米，腹径23厘米，底径24.1厘米，战国，1956年北京市昌平区松园战国墓葬2号墓出土，现藏于中国国家博物馆。

国时期战争频繁，青铜多用来铸造兵器，因而出现大量陶质礼器。这类彩陶壶常见于燕国贵族墓中，在燕上都（今北京市西南）、燕下都（今河北省易县）周围多有发现，是战国时期燕国陶器的重要代表。

　　秦汉时期陶器的一个突出特点是陶俑的发展和陶俑艺术的成熟，如秦始皇陵兵马俑数量之多、体型之高大，为世所罕见；又如汉代丰富多彩、生动活泼的陶俑，彰显了当时高超的制陶技术水平。另一个杰出成就是低温铅釉陶的发明，这种以低温铅釉施于器表为特征的陶器是汉代首创的，有学者认为它的出现可能受到了一些外来文化的影响。这一类型陶器多为墓葬出土，没有实用器。造型有壶、盒、谷仓、灶、猪圈、水榭楼阁等。

武士跪射俑——古代雕塑艺术的杰作

　　秦武士俑以跪射俑的塑造最为杰出，姿势比立武士俑更加活泼生动。武士跪射俑，也称弩（nǔ）兵。古时射箭，每次三发，发射完后，需重新装箭。弩兵分为两部分，一立一跪，立的发射，跪的装箭准备，互相交

替，达到万箭齐发，没有间隙与停顿。此跪
射俑头顶一侧挽高髻，髻根用朱红带束扎，
似风吹动。双眼平视前方，目光炯炯有神。
身和头向左方倾斜，右膝着地，左腿屈蹲，
身穿战袍，外披铠甲，双手向右侧作持弓弩
状，准备射箭。弩兵神情坚定沉着，是一个
久经锻炼的战士。跪射俑在兵马俑中保存得
完好无损。

该俑细部刻画非常细腻，缕缕发丝根根
可数，连战袍的扎带和钮扣、鞋底上的针线
都刻画得精细逼真，具有很高的艺术价值。
秦俑是我国目前发现的最大规模的陶塑，俑
的形象种类多样，有将军、驭手、骑士、射
手等，衣着神态因身份不同而迥异。在雕塑
手法上注重形神兼备，达到了非常高的境界。

图26　武士跪射俑
　　高120厘米，秦，陕西
省临潼县秦始皇陵兵马俑
二号坑出土，现藏于秦始
皇兵马俑博物馆。

绿釉三层陶望楼——贵族别墅模型

泥质红陶，外施绿釉，为建筑明器。造
型属园林景观之组成部分。陶楼下为方形池
塘，内有龟、鱼、鸭等。水面矗立一座三层
重檐四阿顶楼阁，二三层有护栏，角檐处皆
有四十五度的转角拱，正脊上站立一只振翅
欲飞的朱雀，各垂脊皆置有柿蒂花装饰。整

个楼阁上有迎宾俑、吹奏俑、张弓欲射俑，还有一位主人正在临阁眺望。从楼阁建筑及设施可知，这是一座可居、可眺望的多层建筑，也是瞭敌防御、永保安全的建筑工事。

这种高楼建筑的出现，与汉代崇尚高台有关。汉代神仙学家公孙卿说"仙人好楼居"，认为仙人都是住在高楼之处，所以汉代贵族热衷于修建高楼。由于东汉时期丧葬制度趋向世俗化，出现了用反映贵族豪强和庄园地主生前享用的物品明器进行随葬的现象。这种汉代楼阁式建筑明器，反映了当时社会的文化与风俗，展示了东汉木构建筑艺术的风貌，同时也再现了汉代楼阁式建筑的风格和特点，是研究东汉建筑史及社会生活史极其珍贵的实物资料。

3. 魏晋南北朝及隋唐时期

魏晋时期的陶器仍以灰陶为主，陶明器有进一步的发展且大量流行，种类也有所增多，但是质地松软、火候较低、制作略显粗糙。到北朝时期，北方地区的釉陶有一定程度的发展，出现了多色釉的现象，如北魏的宫殿建筑上首先运用了釉陶的瓦即琉璃瓦，

图27 绿釉三层陶望楼
高130厘米，宽45厘米，东汉，1972年河南灵宝张湾三号墓出土，现藏于河南博物院。

对后世的建筑用陶产生了极为重大的影响。值得一提的是，北朝时期的陶俑讲究人物刻画，注意自然比例，艺术手法娴熟，达到了较高的水平。如有文官俑、武士俑、男女侍俑、仪仗俑及刻画马、骆驼的动物模型等。

陶女立俑——貌美年青的北齐侍女

该女立俑用泥质灰陶制成，略微有些加工。俑身直立，头梳双发髻，浓眉秀目，鼻子较高，双唇微闭，面部较为丰腴，神态自然怡和，给人以静态的美感。女俑作系腰状，双臂微曲，垂于两侧。举止俏丽飘逸，上身穿有交领长袖短衣，束腰，衣饰有些简略，没有细部修饰，下穿拖地长褶（zhě）裙，脚上穿着翘尖鞋。全身比例适度合理，表现出聪颖文静的性格，成功地塑造了一个貌美年青的侍女形象。从该俑脱彩的部分可以看出，是通身施白粉底后涂彩。此俑的涂彩在出土时已大部脱落。太原张素俗墓是目前发现较早、有确切纪年的北齐墓葬，其出土的陶俑为研究北朝至隋唐陶俑的发展脉络提供了翔实的资料，有着重要的参考价值。

图28　陶女立俑

　　高 20.2 厘 米，北齐，1955年山西省太原张肃俗墓出土，现藏于中国国家博物馆。

彩绘陶房——弥足珍贵的建筑模型

该彩绘陶房为建筑明器。面阔三间，进深三间，单檐歇山顶。施红、黄、蓝彩绘，色彩鲜艳，可惜多已剥落。正面明间开有一个门，次间开有直棂窗，窗上有对称的线刻佛像。其他三面为实榻大门，门扉上皆有门钉、铺首和鱼形拉手。斗拱、挑拱、正脊、瓦脊等建筑构件雕塑得非常逼真。房屋造型规整，制作精细，写实性很强。隋代的木构建筑房屋非常罕见，该建筑明器仿隋代木构建筑，所以更加弥足珍贵，为研究隋代建筑

图29　彩绘陶房
高74厘米，面阔53.3厘米，进深65.3厘米，隋代，1931年河南省洛阳市出土，现藏于河南博物院。

艺术和陶塑工艺提供了宝贵的实物材料。

　　该房属佛教殿堂，与日本约略同时代的法隆寺金堂大殿、五重塔、中门等建筑有些相似。它不仅反映了隋代木构建筑形制和构造的真实面貌，也是中日文化交流的物证。

　　隋唐时期的普通陶器仍以灰陶和釉陶为主，以墓葬出土的陶俑、模型明器为多。隋代及唐初的陶器还带有前一时期的一些特点。盛唐以来，三彩器得到发展，代表了一个陶器艺术的辉煌时代。唐三彩以黄、褐、绿为基本釉色，采用堆贴、刻画等形式的装饰图案，线条粗犷有力，造型生动逼真，色泽鲜艳而富有生活气息，显示出了富丽堂皇的艺术魅力。唐代除了三彩之外，还出现了一种绞胎器，图案繁缛但又似有规律，有着奇特的装饰效果。

三彩骆驼载乐俑——流动的演出团

　　骆驼昂首直立于长方形座上，作张口嘶鸣的样子。驼背上铺有带花边圆形垫子，其上搭有一个平台，铺有色彩斑斓的毛毯，七个男乐俑盘腿朝外坐于平台的四周，手里拿着笙、琵琶、排箫、拍板、箜篌、笛、箫正

陶器的基本知识及其发展历史

图30　三彩骆驼载乐俑
　　高58厘米，长43厘米，唐代，
1959年陕西西安墓葬出土，现藏于
陕西历史博物馆。

在演奏，个个神态坦然，全神贯注，沉浸在美妙的音乐中，达到了忘我的境界。中间还有一体态丰腴载歌载舞的女子，她梳着唐朝妇女的经典发型，身穿高束腰的长裙，线条流畅，头向上扬，右臂动作优美，神态优雅、自信。这一画面显然表现的是一个流动演出团，唐代艺术家用浪漫的手法将舞台设置在驼背上，可谓匠心独具。陶俑施有蓝、绿、黄等色釉，造型新颖，器形硕大，骆驼健壮，人物形象生动鲜活，连骆驼也显得沉稳有加，好似踏着乐步徐徐行进，为研究唐代雕塑艺术、音乐舞蹈、人物服饰提供了宝贵资料。

这件三彩骆驼载乐俑，再现了那个开放自由时代舒展人心的乐舞之声。如今，当我们看着这个驼背上的乐队时，耳边又似乎回响起了盛唐时期那优美的歌声和动人的旋律。

黄釉绞胎陶枕——"杜家花枕"托引美梦

唐代陶器除瑰丽的三彩器外，还有一种绞胎器。其制作方法是：用白色和褐色两种不同色调的陶土相间糅合成型，形成花纹，贴于器物表面，施以透明釉，烧成后即为绞胎器。器物有全部绞胎的，也有三分之一为绞胎，三分之二为白胎的。此陶枕主要是采用后一种工艺成型的，即器表三分之一为绞胎，三分之二为白陶胎。绞胎工艺始于唐代河南地区，兴盛于宋代时期，所制成品有枕、盘、碗等，多为小件器。

此绞胎陶枕长方腰圆形体，直身平底，枕面微内凹。通体黄釉，胎面贴塑有黄、褐两色纹样，中心为圆形绞胎纹，内有五瓣花纹。内心为放射状花纹，两侧有圆形和扇形花纹，枕面的其余部分及各个侧面均饰有戳印放射状的花纹，底部有釉，满饰条状划纹，

图 31　黄釉绞胎陶枕
　高8.2厘米，长14.5厘米，宽10.6厘米，唐代，现藏于上海博物馆。

底中部划写"杜家花枕"四字。在已发现的
唐宋黄釉枕中，刻写文字的作品以"裴家花
枕"、"杜家花枕"最为有名，传世也较稀
少。这件带有刻字的黄釉绞胎陶枕无疑是一
件极为珍贵的生活用品。

4. 宋辽金元明清时期

这一时期，瓷器发展到了鼎盛阶段，如
青花、釉里红、粉彩、珐琅彩、斗彩等争相
斗艳。此时的陶器远没有瓷器的影响力深厚，
但这并不意味着陶器退出了历史舞台。在唐
三彩的影响下，宋、辽、金、元各时代都有
三彩器的烧造，不少别有风韵的精品留世，
有独特的美学价值和艺术价值。宋元明清的
陶器除了民间日用器皿外，在建筑用陶即琉
璃制品及砖雕等方面有着较大的发展。此外，
还有一些富有时代特色、民族风格的陶器，
如辽代的鸡冠壶、皮囊壶等精美可爱，有较
高的观赏价值和审美价值。

三彩印花游鱼纹海棠式长盘——精美辽三彩

长盘如海棠花的形状，胎质略粗硬，先
施以白色陶衣，再加施黄、白、绿三彩釉，

图 32　三彩印花游鱼纹海棠式长盘

高2.1厘米、长27.6厘米，辽代，1959年内蒙古自治区宁城县辽墓出土，现藏于中国国家博物馆。

釉面有细微的冰裂纹。盘外壁为黄釉，边缘以绿釉绘有卷草纹，盘底以白釉作地，绘有落花游鱼纹饰。釉色莹澈，造型美观大方，是辽三彩中的精品。

辽三彩是辽代生产的低温彩色釉陶制品。多施以黄、绿、白三色釉。产品器形中的方碟、海棠花式长盘、鸡冠壶、筒式瓶等，富有契丹民族的风格。辽三彩器由于釉的高温黏度小，流动性大，在烧制过程中，进入釉层的气泡很容易排出，因而留在釉中的气泡很少，看上去清澈光艳。辽三彩的造型、釉质、釉色及纹饰独具特色，是辽代契丹民族生活习惯和审美情趣的具体反映，富有鲜明的民族风格与时代特征。

吹笛、击节板陶俑——元杂剧之伴奏

辽、宋、金三朝都有杂剧，但表演方式不尽相同。元杂剧，又称北杂剧、元曲，是一种新的歌剧形式。元大德年间为鼎盛时期，当时元大都以及各地的杂剧演出非常活跃，作家辈出，名作如林。主要代表作家有关汉卿、王实甫、马致远、白朴等，主要代表作有《窦娥冤》《汉宫秋》《西厢记》等。其结构上最显著的特色是，四折一楔（xiē）子和一人主唱。

元代有众多著名的杂剧作家，流传至今的元代杂剧有一百六十余种。一般每一出戏分为四折（相当于四幕），需要时加一"楔子"（正戏开始前的序幕）。剧中角色分为正末、正旦、净、副净等。通常一出戏由正末或正旦一种角色主唱，其他都是配角。这两件陶俑分别负责吹笛与击打节板，形象特色鲜明，神情专注，是杂剧演出中的伴奏人员，生动地反映了杂剧这一艺术形式，是杂剧砖雕中的精品。

图 33　吹笛、击节板陶俑
　　分别高38.5厘米,36.5厘米,元代,1965年河南省焦
作市西冯封村元墓出土,现藏于中国国家博物馆。

　　　　以上简单地描述了陶器的发展历史,还
有很多的知识需要补充和完善,也还有很多
珍贵的陶器文物未露出她们的面貌。所以,
应该在了解上述知识的同时,继续发现和研
究,丰富古代陶器知识的内容体系,做到保
护历史文物、宣扬灿烂的陶器文化,展示中
华民族的历史文化魅力与风采。

陶器文物释读赏析与鉴定

一、陶器文物释读赏析

这一部分内容为主要是对陶器进行了简单的分类，如原始陶塑艺术类、生活用具类、模型明器类以及陶俑等。在熟悉掌握各类陶器的造型及装饰特点的同时，应了解其时代特色与风格，做到理解与欣赏。

（一）原始陶塑艺术类

原始陶塑艺术在新石器时代中期已有了人像、动物、女神等各种题材，有些已成为独立的雕塑品，具有较高的艺术水平。其中，人像陶塑最为普遍，包括人面和人形两种；动物陶塑也非常盛行，有鸟、猪、鱼等形象；此外，女神形象更是原始陶塑艺术中的经典主题。

陶器文物释读赏析与鉴定

人头器口瓶——"九毛钱的国宝"

圆雕人头像位于瓶口，披着整齐的短发，五官位置均匀端正，双耳有系挂饰物的小穿孔。在通体橙红色的陶衣上，以黑彩绘三层连续弧边三角与斜线纹，似一位亭亭玉立的少女着一件花色的衣裙。从发式来看，似为古羌族的披发样式。这件器物可能是原始宗教崇拜的物品，具有珍贵的历史和艺术价值，堪称原始社会雕塑艺术的精品。

1973年的一天，一个农村小伙子在耕作的时候发现了这件可爱的瓶子，就拿回家当成了花瓶。不巧那时他家里接连死了两头猪，父母认为这件"花瓶"可能为不祥之物，就让他扔掉。尽管他非常不舍，但还是拿着走出家门，恰好遇见了村支书。支书认为这是件好东西，就交给了文物普查队。文物队大喜，重重奖赏了小伙子。奖品是什么呢？一个搪瓷缸子——在当时属于珍贵之物（价值九毛）。这就是"九毛钱的国宝"的故事。

图34　人头器口瓶
　　高31.8厘米，口径4.5厘米，底径6.8厘米，仰韶文化，1973年出土于甘肃秦安邵店大地湾，现藏于甘肃省博物馆。

陶鹰鼎——闻名于世的"鸡食盆"

鹰的前胸为鼎的腹部，饱满粗壮，器口开在鹰的背部。鹰双目圆睁，周身光洁未加纹饰，喙部呈有力的勾状。鹰体健硕，双腿粗壮，两翼贴于身体两侧，尾部下垂至地，与两只鹰腿构成三个稳定的支点，形成一种前扑的姿势，配上鹰头部的大眼、利喙，使这只鹰有一种威风凛凛的气势。鹰鼎整体结构简洁，体积感很强，是原始艺术与实用功能完美结合的典范，是远古时期不可多得的雕塑艺术珍品。

图35 陶鹰鼎

高35.8厘米，口径23.3厘米，仰韶文化，1958年陕西省华县太平庄出土，现藏于中国国家博物馆。

1957 年的一天，华县太平庄一位农民正在田间用犁深翻土地，突然手头一震，犁头碰到了地里的硬物，他猜想着应是地里的大石头，谁知翻开浮土一看却是一件鸟形模样的陶器，可当时他并不知道他挖到的是一件非常重要的文物，将陶鹰鼎带回家去做了鸡食盆。后来，有专业考古人员来到华县，进行考古调查发掘并宣传文物保护法。这位农民意识到问题的重要性，主动将陶鹰鼎上交给了考古队。从此，这件鹰鼎闻名于世，并得到了保护与珍藏。

红陶猫头鹰头——农田保护神

用泥质红陶捏制而成的猫头鹰头呈半球形，双目圆睁，眼球大而突出，炯炯有神，眼眶周围刻有锯齿纹一周。喙部长而带尖钩，头部遍施锥刺纹，以模仿猫头鹰的羽毛，手法细腻，形象生动。整个造型非常可爱，制作者以简练明快的艺术手法，表现了猫头鹰机敏的神态。猫头鹰，在古代称作"鸮"（xiāo）。在新石器时代黄河流域的农耕地区，人们非常珍视猫头鹰，也许是崇拜它的机敏与灵活，也许是感谢它为农田除害，总之它被当时的人们赋予了神奇的力量，承载着他们的期望与寄托，被认为具有保佑氏族平安的威严与力量。可能因为这样，猫头鹰变成了令人崇敬的动物之一，也可能成为了某一氏族部落的图腾。这一习俗一直延续至商代。在此期间，也出现了很多以猫头鹰为题材的原始文化艺术，有很高的历史价值与文化意义。

图36 红陶猫头鹰头
高7厘米，直径
14.2厘米，仰韶文化，
陕西华县出土，现藏
于北京大学赛克勒博
物馆。

图 37　裸体双性浮雕彩陶壶

　　高33.4厘米，口径9.2厘米，马家窑文化，1974年出土于青海省乐都县柳湾墓葬，现藏于中国国家博物馆。

　　裸体双性浮雕彩陶壶——承载丰产之愿望

　　泥质红陶，此彩陶壶呈小口鼓腹造型，口沿微敞，短颈，腹部两侧有对称的双环形耳，平底。器身施有红色陶衣，在壶身彩绘之间还捏塑出一个裸体人像。人像站立，头位于壶的颈部，五官具备，身躯和四肢位于壶的腹部，并用黑彩绘圆圈纹，内填有网格纹。从整个塑像来看集合了男女性的特点，为男女两性的复合体。此外，在壶的颈部背面绘有长发，长发下绘出一只大蛙，在人像两腿的外侧也绘着蛙纹。

这件彩陶壶融浮雕和绘画的艺术手法于一身，是迄今为止国内考古发掘出土的原始彩陶中最早的浮雕人物彩陶壶，它从数以万计的彩陶器皿中脱颖而出，被誉为稀世艺术珍品。特殊的图案装饰表明它不是一般的生活用具，而是礼器或专门制作的葬具。一般认为这是一个集男、女为一体的两性人，是一种男女同体的崇拜物，与远古时期的萨满文化有关。此壶应是史前先人施行巫术时使用的法器，用以祈求丰产，它对研究原始宗教有十分重要的意义。

泥塑头像——女神崇拜

头像与真人头部的大小相似，五官端正，面呈方形。眼睛长，且眼角上吊，眼窝较浅，内嵌淡青色圆玉片为睛。鼻梁扁平，鼻翼宽，高颧骨，嘴大而唇薄。额头及面部打磨较为光滑，两颊及唇部涂有红彩，形象逼真。该头像出土于红山文化的牛河梁女神庙遗址，所以可能是一位女性

图38　泥塑头像

头高22.5厘米，面宽16.5厘米，通耳宽23.5厘米，红山文化，1983年辽宁凌源牛河梁遗址出土，现藏于辽宁省文物考古研究所。

神像，或者是当时的权势者。从面部特征看，该女神属典型的蒙古人种。整个头像呈扬眉注目、掀动嘴唇的说话样子，颇有几分神秘的格调，塑工细腻而生动。在其附近还发现了人像的肩、手、臂膀、乳房等泥塑残块。有迹象表明在神殿主室中心，原先塑有形体更大的女神像。

此头像具有很强的艺术表现力，有十分重要的历史价值与艺术研究价值，它揭开了中国原始社会雕塑艺术辉煌的新篇章。

陶塑孕妇像——"东方维纳斯"

陶塑像头部缺失，手足也有残缺，腹部凸起，臀部肥大。身体修长，通体打磨光滑，女性特征鲜明。这件陶塑孕妇像在东方是首次发现，被学者称为"东方维纳斯"。此陶塑雕像着重表现了具有特殊含义的女性特征，对躯体下部的腹部、臀部、腿部给予了夸张的表现，却并未影响人体各部位之间合理的比例。

在原始社会母系氏族阶段，女性在社会中充当着极为重要的角色，她们是从事

图39　陶塑孕妇像

残高7.8厘米，红山文化，1982年出土于辽宁省朝阳市喀喇沁左翼蒙古族自治县东山嘴遗址，现藏于中国国家博物馆。

采集的主要劳动力，同时人群的繁衍也主要依赖于女性。由于自然灾害、瘟疫、战争等原因，原始氏族部落的死亡率较高。部落渴望新生命的诞生将整个氏族延续和壮大，于是产生了生育崇拜的信仰。正如这件陶塑，她应当是人们祈求生育、繁殖的"女神"崇拜物，这表明人们已经不仅仅把陶制技术利用在制作生活器具方面，也制作一些器物来表达自己的崇拜和祈求。

人首形陶瓶——象征孕育与丰收

该人首形陶瓶以泥质灰陶制成，从整体来看，造型有些奇特，体态肥硕，生动古朴。瓶体为葫芦形，有三节圆浑的葫芦肚，瓶子顶端还长出一个长脖子的小人头。长颈粗脖，溜肩，弧胸，鼓腹，瓶底作小圈足。圈足略外撇并有锯齿状缺口若干。人首五官清晰，两眼内凹，鼻梁隆起，双耳耸立，张口若语，表情生动，脑后扎有短辫。胸前开一椭圆形大口，中空，与瓶体贯通。这种略去四肢的塑造和刻画，以及着重以圆润的弧线、丰满的体

图40 人首形陶瓶

　　高21厘米，最大腹径9.5厘米，底径7厘米，崧泽文化，1990年出土于浙江省嘉兴郊区大桥乡南子村大坟遗址，现藏于嘉兴博物馆。

型构塑人体轮廓，可能意在突出"孕育"、"繁衍"和"丰收"这个主题。这件弥足珍贵的原始人体造型杰作，充分体现了原始先民丰富的想象力和高超的造型创造技术。此陶瓶很可能与当时祭丰收、求甘雨、降生灵等原始宗教祭祀活动有关，具有很高的研究价值。

陶塑人面像——"金陵先祖"

陶质较好，外表光滑，空腔。面部轮廓近似长方形，头上戴冠，前额宽平，眼睛深凹且狭长，微弯曲，眼眶粗大。鼻梁挺直，鼻尖隆起，鼻翼较大。耳轮宽厚，唇厚微张，作言语状，下颌明显向外延伸。头部冠饰上浅刻有纹饰，冠角正反两面均穿有小孔。据专家学者推测，小孔是当时供插羽毛或茅草等装饰物用的。该像为一尊男性像，可能是父系氏族社会的崇拜物，也可能为当时部落的祭司形象。祭司是部落中身份特殊之人，他作为上天与人之间的沟通者，能引导人们祭祀天地，呼风唤雨，消除灾祸。人们认为祭司拥有巨大的能力，从而崇拜祭司，同时也把祭司神化了。这件陶面塑像出土后，引起了广泛关注，有人鉴于他憨厚、质朴的特点，将其誉为"金陵先祖"。这是南京地区迄今发现的最早的人面形象的雕塑品，作为原始社会的雕塑艺术作品更显弥足珍贵。

图 41 陶塑人面像

像高9.8厘米，宽8厘米，厚约3.8厘米，崧泽文化，出土于南京市浦口区营盘山遗址，现藏于南京市博物馆。

陶器文物释读赏析与鉴定

人形彩陶罐——独特文化面貌

罐作立人状，人物头顶为侈口，双眼镂空，塑有鼻子，双耳穿有小孔，嘴唇微张，似笑若语的样子，神态祥和可亲。颈部绘有黑彩，像是系着围巾；肩部较宽，手臂为罐之环形双耳；下身穿着宽松粗大的裤子，脚上穿着富有特色的翘头靴子。这件人形彩陶罐造型有趣、寓意深远。四坝文化许多陶器都比较小而且设有耳，是为了便于驮运携带，这都反映出当时远古先民定居放牧的生活。

四坝文化内涵丰富，独具特色，是河西走廊最重要的一支含有大量彩陶的青铜文化。它的某些器型与彩绘图案和马厂类型、齐家文化较为接近，说明曾受到了它们的影响，且其他特点又与中亚文化相近。四坝文化地处内地与新疆连接的重要地带，在文化交流中起到了不容忽视的作用。

图 42　人形彩陶罐

通高21厘米，四坝文化，1988年出土于甘肃省玉门市清泉乡火烧沟遗址，现藏于甘肃省文物考古研究所。

（二）生活用具类

陶器在古代的生活用具领域内占有着十分重要的地位，其影响延续至今。古人凭借自己的生活经验和智慧烧造了陶制的食器、酒器、炊器、葬具等，如盆、盘、壶、碗、杯、罐、缸、瓶、鼎、尊、甗等。一些生活器皿除有实用功能外，还带有某种礼制涵义，如鼎、尊、斝、豆等。

彩陶网纹船形壶——"神之酒器"

以泥质红陶制成，口部呈杯状，短颈，平底，器身横置，上部两端突尖，颇像一只小船。陶壶上端两肩上，横置两个桥形小耳，既便于提拿，又可以穿绳背负，随身携带。在壶身两侧的腹部，各用黑彩绘出一张渔网状的图案，渔网挂在船边，似正撒网捕鱼，又像小船刚刚捕鱼回来，在晾晒渔网。有学者认为，当时的人们已有划船撒网捕鱼的能力。该彩陶壶是一个独木舟的模型，是人们制造原始舟船、网具并掌握捕鱼技术的真实写照。至于该器物的用途目前有两种说法，一种为盛水器，一种为酒器。无论是哪一种说法，都反映

陶器文物释读赏析与鉴定

图 43　彩陶网纹船形壶

高15.6厘米，长24.8厘米，口径4.5厘米，仰韶文化，1958年陕西宝鸡北首岭遗址出土，现藏于中国国家博物馆。

出先民们对生活和艺术的精致追求。此壶构思奇特，制作精巧，将壶塑造成船形并饰有网纹，突出地反映了当时的渔猎生活，且造型罕见，保存完好，是仰韶文化的艺术珍品。

鱼纹彩陶盆——寓意生殖繁衍

盆以泥质红陶制成，口沿微卷，折沿微宽，圆唇，扁圆体，平底。器表磨制光滑，通体施以红色，用黑彩在盆的上腹部绘出互相追逐的游鱼三尾，鱼儿圆目大口、露齿扬鳍，构成了连续的图案装饰，这一生动的图案反映了制陶者对先民渔猎生活的准确捕捉。

半坡遗址出土有鱼叉、鱼钓、网坠等渔具，说明捕鱼在当时的经济生活中占有较重要的地位，彩陶上描绘的鱼应该是这种生活的反映。然而，对于史前艺术的理解似乎不能如此简单。原始氏族十分重视人类自身的生产，血缘关系是当时最为重要的社会基础和结构，而鱼在某种语言环境中具有生殖繁衍的含义，所以在一定程度上符合了当时人们的需求。此外，半坡彩陶上的几何纹的涵义也与其相似，由鱼

图44　鱼纹彩陶盆
　　高17厘米，口径28厘米，仰韶文化，1955年陕西西安半坡出土，现藏于中国国家博物馆。

形向几何形演变，头部愈发简单，鱼体愈
发图案化，单一的写实变为复合的抽象。
这件彩陶盆的造型及纹饰皆为仰韶文化的
典型，有着代表性意义。

鹳鱼石斧彩陶缸——实力的较量

此彩绘陶缸外表呈红色，直壁平底圆
筒状，口沿下游小凸鋬。陶缸外壁有彩绘
一幅，画面左侧为一只站立的白鹳
（guàn），通身洁白，圆眼、长嘴、昂首
挺立。鹳嘴上衔着一条全身涂白的大鱼，
鱼身的轮廓用黑线条描出；画面右侧为一
柄石斧，斧身穿孔、柄部有编织物缠绕并
刻画符号等。画面中白鹳的眼睛很大，目
光炯炯有神，鹳身微微后仰，头颈高扬。
鱼眼则画得很小，身体僵直，鱼鳍低垂，
似乎毫无挣扎反抗的力量，与白鹳的神态
形成强烈的反差。鹳鱼石斧图彩绘陶缸不
但施彩，而且构图复杂，在题材选择与画
面构思上都强调了图案自身的独立性。彩
绘图案的勾线、填色等具备了中国画的一
些基本画法，可以说是中国画的雏形。通
过这一画面我们可以想象，以鹳鸟为图腾

图 45　鹳鱼石斧彩陶缸

高47厘米，口径32.7厘
米，仰韶文化，1978年出土
于河南省临汝县阎村，现
藏于中国国家博物馆。

的氏族与以鱼为图腾的氏族经过一场激烈的较量后，大获全胜的"鹳鸟"（勇猛的氏族长）拥有了代表权力的精美战斧和人们的尊崇与敬重。此彩绘陶缸属于瓮棺葬具，它主要作为成人葬具来使用，应是氏族首领的葬具。

人面鲵鱼纹彩陶双耳瓶——伏羲氏之雏形

以泥质红陶制成，小口、短颈、溜肩、深腹，两侧有耳，平底。器身绘有黑彩鲵（ní）鱼纹，头似人面，鱼身细长弯曲。短小四肢、大扁尾、身上斑纹等描绘得准确逼真、形象生动。鲵鱼纹是马家窑文化石岭下类型彩陶最具特色的纹饰，人格化的鲵鱼纹应是一种原始氏族图腾的反映，对研究原始宗教有重要意义。鲵鱼俗称娃娃鱼。《山海经·北山经》载："决决之水出焉，而东流注于河。其中多人鱼，其状如鲶鱼，四足，其音如婴儿，食之无痴疾。"由于鲵鱼具有类人的特点，因此被原始先民视作神物。又由于这件彩陶瓶出土于甘谷，而这一带正是传说

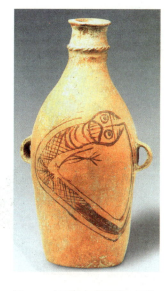

图46 人面鲵鱼纹彩陶双耳瓶 高38.4厘米，口径7厘米，底径12厘米，仰韶文化，1958年甘肃省甘谷县西坪遗址出土，现藏于甘肃省博物馆。

中的伏羲氏的诞生地，因此人格化的鲵鱼纹被认为是"龙身而人头"的伏羲氏的雏形。这件鲵鱼纹彩陶瓶，造型古朴，纹饰精美，表现了神话中始祖神的原始面貌，显示出纯熟的绘画技巧，是中国彩陶中具有象征意义的代表作品。

猪面纹细颈彩陶壶——祈望财富和繁衍生息

以泥质橙红陶制成，器口打磨光滑，通体呈葫芦形，小圆口，束颈，折腹，平底，施深褐彩，造型匀称。壶口一周绘有四组由两个三角形组成的菱形花纹，上腹部绘一周二方连续的猪面纹。壶上三个猪面绘三只眼睛，每两个猪面共用一只，连续的猪面巧妙地共用一双眼睛，成功地运用了双关装饰手法。在这件陶壶的身上，用抽象手法绘出了猪面纹，扁平宽大的鼻子以及眼睛、面颊变化成几何形图案，给憨厚、笨拙的猪增添了几分神秘与可爱。猪在史前时代除被食用以外，还是宗教祭品、财富象征，所以此壶可能反映了古人对丰收和财富的祈望。猪面纹饰神态憨

图47 猪面纹细颈彩陶壶
高20.2厘米，口径2.2厘米，底径6.8厘米，仰韶文化，1981年甘肃省秦安县王家阴洼出土，现藏于甘肃省博物馆。

稚，生动逼真，意趣隽永，耐人寻味，显示出高度的图案化艺术水平。该陶壶为仰韶文化早期半坡类型彩陶装饰中的精品。

旋纹尖底瓶——动感与生命力

以细泥质红陶制成，长颈、小口、宽肩、尖底，腹部有双环耳。器身用黑彩绘有平行线纹、旋涡纹，给人以击破水面，涡点四溅的视觉效果。画面以中心圆作为定位点，将各点以优美的弧线连接构成复杂而多元的图案，繁而不乱，有条不紊，无论从什么角度观看，都可欣赏到一个完整的花纹图案。层次鲜明的黑、白、灰三色，给人以明朗、热烈、奔放的美感。尖底瓶颈部绘有平行条纹十四周，腹部饰优美流畅的旋涡纹，穿插着黑白圆点，表现出很强的动感。圆圈圆点宛如急流一般，弧线犹如奔腾的波浪，分散在其间的小圆圈犹如溅起的水花，整个画面具有迸发的气势，充满了生命力。旋涡纹饰于尖底瓶上既达到了和谐统一，又体现了美观实用。这件集器形规整、制作精湛、设计巧妙、布局严谨、色彩明快等特点于一身的

图 48　旋纹尖底瓶

高26.8厘米，口径7.1厘米，马家窑文化，甘肃省陇西县吕家坪出土，现藏于甘肃省博物馆。

陶器文物释读赏析与鉴定

尖底瓶，是原始艺术中的佳作。

旋纹彩陶瓶——旋动的美

以泥质橙红陶制成，细长颈，口部微敞，斜肩，腹部有环状双耳，平底，造型优美。鲜艳明快的橙红色与黑彩相间，近乎达到了完美。彩陶瓶口唇部位绘有一圈斜三角纹，颈部绘有弦纹、圆点纹，瓶身绘有前后对称的大旋涡纹，犹如河水涡深流急的景象。图案的定位圆饰于腹部两面中间和两侧耳部，在腹部两面上方各设一对次要定位圆，然后环绕地连接主次定位圆，构成优美的旋纹，而后再扩展成动感很强的旋式图案。整幅图案以腹部两面的中心大圆与腹部两侧的小圆为旋心，翻卷回转，形成浑然一体而动感很强的旋纹，展现着波涛汹涌的宏大气势。旋纹是马家窑类型彩陶的主要纹样之一，运用以点（圆）定位的方法，将定位点相连成旋纹结构线，并依此延展出复杂多变的旋式图案，为其经典的设计与创造。

图 49　旋纹彩陶瓶

　　高25.5厘米，口径7.7厘米，底径7厘米，马家窑文化，1973年甘肃省兰州市杏湖台出土，现藏于甘肃省博物馆。

旋纹彩陶鼓——"中国第一鼓"

陶质细腻、线条流畅，橙红色陶面与鲜亮的墨彩相间，明快醒目，显示出马家窑文化彩陶的独具风格。彩陶鼓的大端呈钵状，口径22厘米，小端似一折肩罐，口径12厘米，中部为圆筒状，与两端贯通。大端一周均匀分布有六个爪形突翘。大小两端器腹各有同向的扁条式圆拱耳，应为系绳携挂而设。中部圆筒饰以斜向宽带纹，小端中上部饰以宽带与细弧组成的变形旋纹，器口内沿绘有锯齿形纹。在古时候，人们用自己的声音和肢体动作来表达内心的某种感受或激情，便产生了最初的歌舞。当人们需借助身体之外的物质来强化歌舞的表现力时，便创造了乐器。石块或木棒的敲击，能增强歌舞的节奏，渲染歌舞的情感气氛，它们可能就是最原始的乐器。后来随着技术的进步，乐器的种类大增，如鼓就是同大众生活关系最密切的一种。马家窑类型彩陶文化距今约有5000年，这件彩陶鼓是迄今为止发现的时代最早

图50　旋纹彩陶鼓

　　全长37厘米，马家窑文化，征集于甘肃省永登县，现藏于甘肃省博物馆。

的打击乐器，堪称"中国第一鼓"。

折带纹太阳纹长颈单耳壶——探索太
阳的奥秘

该折带纹太阳纹长颈单耳壶的陶质细
腻，色彩明快，设计巧妙。长颈、口部微
敞，并绘有带状纹饰。斜肩，肩部一侧有
一半环形耳，似为便于系绳而置。鼓腹，
腹下部微收，平底。整个器物的色彩用
红色、橘黄色以及黑色的搭配非常美观，
尤其腹部的色彩浓淡协调，给人以舒缓的
视觉享受。太阳纹的刻画精细认真，黑色

图51 折带纹太阳纹长颈单耳壶
最大直径22.8厘米，高25.5厘
米，马家窑文化，现藏于北京古陶
文明博物馆。

的线条象征着太阳的无限光芒，极具写实性特点，尤其是太阳中心部分的鲜艳红彩和橘黄彩更是将太阳的细微部分表现了出来，可以猜想当时制作这件器物的匠人用尽了心思。太阳纹点缀在折带纹周围，这传达了什么样的意境？折带纹可否理解为是山体的代表？这些都引人深思。古代的人们在面对大自然的一切现象时是非常好奇的，或许这件长颈壶上的图案展现的是他们对某种大自然现象的解释，或许是在探索太阳的奥秘，或许表现了对大自然的崇拜与敬畏。

圆圈网格纹鸟形彩陶壶——圆与网之美

壶口偏于一侧，圆肩圆腹，腹部绘四圆圈，内填网格纹。双腹耳，短尾錾，下腹内收，平底。整个造型类似一个鸟儿，浑圆饱满，活泼可爱。该彩陶壶属于马家窑文化马厂类型，该类型主要分布于青海、甘肃等地，年代约为公元前2350年—前2050年。马厂类型的纹饰以四大圆圈纹、同心圈纹、菱格纹、变体神人纹、波折纹、平行线纹、回形纹、三角纹等为

图52　圆圈网格纹鸟形彩陶壶
　　高22.9厘米，口径8.8厘米，底径8.4厘米，马家窑文化，1999年榆中县上花乡出土，现藏于甘肃省博物馆。

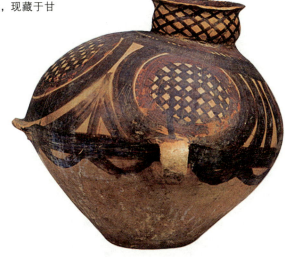

主。马厂四大圆圈纹彩陶图案构图简单，但和谐得体，华贵绚丽，是马厂彩陶主要的纹样。填充在四大圆圈纹中的花纹多彩缤纷，彩绘颜色以黑红二色为主，较多使用单色黑彩。马厂彩陶表现技法简单粗糙，精心制作的彩陶已是凤毛麟角，但其粗犷明快、古朴典雅的风格较为独特。这些略带神秘色彩的图案，进一步丰富了装饰艺术的宝库，成为彩陶文化的最后绝唱。

双人抬物纹彩陶盆——全国首次发现的 "劳动图片"

宗日文化年代为公元前3300年—前2050年，宗日遗址位于青海省同德县，是目前黄河上游发掘面积最大、出土文物最多、内涵最为丰富的新石器时代文化遗存。特别是宗日遗址出土的舞蹈纹彩陶盆和双人抬物彩陶盆以及骨叉等，是黄河上游乃至全国所罕见的珍贵文物。

双人抬物彩陶盆以细泥红陶制成，器表打磨光滑，大口，唇外敞，鼓腹，腹部两侧有对称的乳钮装饰，平底。陶盆内用黑彩绘有四组双人抬物的图案，两人面对面而立，背部稍有弯曲，两手臂向前伸，

图53　双人抬物纹彩陶盆
　　通高11.3厘米，口径24.5厘米，腹径24.5厘米，底径9.8厘米，宗日文化，1995年青海省同德县巴沟乡团村宗日遗址出土，现藏于青海省文物考古研究所。

共抬一件圆形物，两腿分开而立。从整个造型及纹饰来看，受到马家窑文化的影响。该彩陶盆保存得较为完整，彩绘笔法娴熟，尤其劳动纹饰图案在全国属首次发现。这是一件极为罕见的珍品，为研究当时的历史文化提供了宝贵的资料。

龙纹红陶罐——目前西北地区最早的龙

红陶罐口部微敞，斜肩，鼓腹，平底，器身上浮雕龙纹。造型端庄、纹饰朴素而有内涵。龙，一向被认为是中华文化的象征。这个浮雕龙纹是西北地区发现的最早的龙的形象。龙并非是自然动物，是人们通过想象创造出来的神灵。北方的红山文化、中原的仰韶文化和南方的良渚文化皆有龙的形象。它们不是一般性的审美装饰，而是一种具有特殊精神内涵的产物。龙纹的产生可能与原始部落间的征战有关。原始部落多用动物作为自己的图腾，可能是以蛇为图腾的部落在与其他部落的长期征战中不断取得胜利，然后就把该部落的图腾移植过来加在蛇身上，如此不断增加，形成龙的形象。经过三四千

陶器文物释读赏析与鉴定

图 54　　龙纹红陶罐
　　高 15.6 厘米，底径 10 厘米，齐家文化，出土于广河县齐家坪，现藏于甘肃省博物馆。

年的发展与融合，龙纹也成为青铜工艺上十分普遍的装饰题材，其形式更加多样化、更富创造力。

　　黑陶高柄杯——质朴大方的"酒器"

　　黑陶，通体打磨光亮，质地坚硬，轮制而成。上部为敞口杯，深腹；中部为中空的高柄把，上面有弦纹和三角形镂孔装饰；足部为喇叭形状。整体器形轻盈秀巧，质朴大方，制作精细，毫无变形，显示出了当时高超的制陶技术。这样的高柄杯，是古代的一种酒具，其基本特征是侈口、深腹、高柄、喇叭形足，在大汶口文化晚期的墓葬中已有出土，主要盛行于龙山文化时期。这种高柄杯形制精美，容量较小，很少在普通墓葬中发现，大多集中出土于较大规模的墓葬中，可见此杯属于高级的"奢侈品"一类，很可能是一些上层贵族用于饮用美酒的器具，也有可能是用于某种祭祀活动的神圣器物。这类高柄杯是我国最早的酒具之一。

彩陶背壶——人性化的设计

此彩陶背壶呈红色，高领、圆腹、平底。最有特色的是壶的腹部，一面为鼓腹，另一面扁平，两侧各有一个对称的环状耳，鼓腹中部与扁平面相对的部位还有一个带横向穿孔的鼻形小钮。壶面先以黑彩描绘出基本的图案花纹，再用白彩在黑彩上勾勒轮廓，后以圆点纹饰等进行点缀，画面鲜艳绚丽。口沿外侧绘有三个等距离的黑白彩同心圆。肩部由两条平行线构成一个图框，内填多个黑地白彩涡纹。腹部饰大块的三角纹，一正一反交错排列，构成连续的纹饰带。底部绘两道横向平行排列的联珠纹，均为在黑地上添加的

图 55　黑陶高柄杯

　　高 19.5 厘米，大汶口文化，1957 年山东省安丘县出土，现藏于中国国家博物馆。

陶器文物释读赏析与鉴定

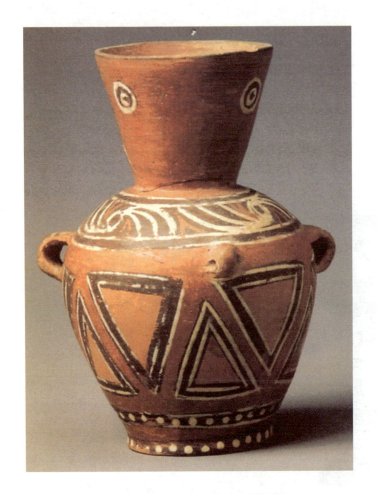

图56　彩陶背壶

高16.9厘米，口径7厘米，底径6厘米，大汶口文化，1959年山东省泰安市大汶口墓地第10号墓葬出土，现藏于中国国家博物馆。

白色亮点，对比非常鲜明。此壶设计的最大亮点就是体现了人性化的理念。背壶腹部的一侧面加工成扁平造型，既增加了稳定性，又避免了鼓腹对人体的压迫，达到了实用性与舒适度的统一，弥足珍贵。这件彩陶背壶出土于墓中，体积小巧，外观华丽，应非实用器，可能是一件专门制作的明器。

树符陶尊——巫师的器具

以夹砂陶制成，筒形深腹，器表装饰篮纹，形体较大，厚壁，尖底。外壁靠近口沿处刻有一个符号，仿佛是在一座大山上矗立一株大树，具有抽象与写意的双重特点。这件大陶尊可能是一件盛酒的祭器，主持祭祀仪式的自然是巫师。巫师一方面要把大陶尊中的酒献给天上的神灵，另一方面巫师作法时也用酒作为致幻剂，进入与神沟通的境界。巫师的通行路线应该就是这件大陶尊上所表现的高山。利用高山作为天梯通神，是上古巫师常用的做法。至迟在新石器时代晚期，人们就已形成"天地、人、神"三界的世界观，而

陶器文物释读赏析与鉴定

巫师则是往来于三界之间沟通人神的特殊使者。在巫术世界中，山和树都是通天的天梯，巫师借助天梯上天入地，上达民意，下传神旨。在祭祀时，由巫师顺天梯上天通报天神，让天神享用陶尊中的美酒，在取娱于神的同时，让神赐福于人。

彩陶花瓣纹壶——图案臻美的盛水器

以泥质红陶制成，口部微敞，折沿，弧肩，圆腹，平底。造型小巧、规整，近似球形。器表打磨光滑，施有一层红色陶衣。壶肩腹部用黑、白两种颜料绘有几何形对称布局的花瓣。花朵以黑彩为地，白彩勾边，花瓣中间有黑色的花蕊。花朵与花朵之间以花瓣相连，美观且有创意。纹饰绘画采用"留白"（留白，是指书画艺术创作中为使整个作品画面、章法更为协调精美而有意留下相应的空白，给人留有想象的空间）的手法，层次分明，装饰效果极佳。

彩陶壶是盛水器，敞口折沿的设计便于倾倒出水，平底则能放置平稳，是集实用性与美观性于一身的精美器物。其图案

图 57　树符陶尊

高59厘米，口径38厘米，底径8.5厘米，大汶口文化，1979年山东莒县陵阳河出土，现藏于中国国家博物馆。

图 58 彩陶花瓣纹壶

　　高19.5厘米，口径7厘米，大汶口文化，1966年江苏省邳县大墩子遗址出土，现藏于南京博物院。

　　纹饰既吸收了仰韶文化彩陶的特点，又有自己独创的艺术风格，显示了大汶口文化彩陶的风格由简单、原始向臻美、成熟的发展过程。该彩陶壶的纹饰图案活泼明快、富于变化，器物造型规整，是大汶口文化陶器中的精品。

八角星纹彩陶盆——光芒照寰宇

　　彩陶盆以细泥质红陶制成，敞口微敛，宽沿外卷，深腹略鼓，直壁下腹内收成圈底。器表均经磨光，器身涂有红白陶衣及红、白、黑三彩。口沿上以白彩为地，相间绘相对的褐彩三角纹和红黑竖条纹。腹部深褐色地上横向绘七个白色八角星，外以黑边勾勒，中间开红色方形空地，八角星之间以白色双竖条纹相隔。八角星可能是代表太阳的符号，是光明的象征，殷红色的中央部位和四周放出白色的光芒，象征着太阳光照寰宇，为大汶口文化中具有特色的彩陶装饰。八角星纹是大汶口文化的特有纹饰，八角星纹器是山东大汶口文化的典型器。该彩陶盆与藏于山东省博物馆的八角星纹彩陶豆的纹饰极为相似，集中反映了大汶口文化的纹饰特点，是古代技术与艺术的结晶。

图59　八角星纹彩陶盆

高18.5厘米，口径33.8厘米，大汶口文化，1963年江苏省大墩子遗址出土，现藏于南京博物院。

图60　彩绘蟠龙纹陶盘

高8.8厘米，口径37厘米，底径15厘米，沿宽1.8厘米，龙山文化陶寺类型，山西省襄汾县陶寺遗址3072号墓葬出土，现藏于中国社会科学院考古研究所。

彩绘蟠龙纹陶盘——目前中原地区最早的蟠龙

胎呈褐色，器表为灰褐色，盘的外壁饰有绳纹，内壁施有黑色陶衣并磨光，唇沿及内壁上缘一周涂成朱红色。内壁以黑陶衣为地用朱红彩绘出蟠龙纹，龙的尾部已模糊不清。龙纹在盘的内壁和盘心作蟠曲状，头在外圈，身向内卷，尾在盘底中心。形象作蛇躯鳞身，方头，豆状圆目，张大口，牙上下两排，长舌外伸，舌前部

呈树权状分支。此件陶盘上的蟠龙纹是
中原地区迄今所见最早的蟠龙图像。

　　彩绘蟠龙纹陶盘是龙山文化陶寺类型
中最富特征的器物之一,仅见于几座显贵
的超大型墓葬内,这就证明此盘的规格很
高,可能具有标志等级身份的含义。蟠龙
图像非同一般纹饰,似乎有其特殊的含义,
它很可能是氏族、部落的标志,即族徽。
这件彩绘蟠龙纹陶盘制作精美,也可能是
巫师通天做法的法器或某种权威的象征。

红陶鬶——造型最美的炊具

　　鬶是古代陶制炊事器具,有三个空心
的足,有长喙,造型有点像鸟。这件红陶
鬶与山东地区的大汶口文化白陶鬶在造型
上极为相似,但形象更显灵活。这种器形
最早出现在山东地区,山东在古代为少昊
部落,该部落以鸟为图腾,所以人们就结
合该部落图腾形象创造出了这种器物。

　　器表打磨光亮,唇口一侧的冲天流恰
似雄鹰的尖喙,长颈,下承以三个肥硕的
袋状足,雄健刚劲。器身一侧置有绳状
鋬,口沿下及鋬手上端饰有乳钉纹。颈、

图 61　红陶鬶

　　高39厘米,口径12厘米,
足距14厘米,龙山文化,出土
于山东省日照县两城镇遗
址,现藏于北京故宫博物院。

足之间的衔接处装饰有凸弦纹。陶鬶自上
而下的圆润曲线，恰到好处地避免了生硬
和呆板，可谓刚柔相济，形神兼备。鬶虽
与鬲同为煮食的炊具，但造型之美远在陶
鬲之上，其极富神韵的设计和洗练的装
饰，使人感触到远古造型艺术的至美，堪
称新石器时代晚期龙山文化红陶的代表
作品，至今仍被人们视为远古造型艺术中
设计最为成功的杰作。

折曲纹红陶盘——源于生活的艺术

由泥质红陶制成，盘口微敛，口沿与
盆腹之间棱角明显，腹部内收，下接有矮
圈足，圈足外撇。口沿处压印有一周锯齿
纹（或称指甲纹）装饰，腹上部和下部皆

图 62 折曲纹红陶盘
高6.5厘米，足径14厘
米，口径19厘米，大溪文化，
1978年湖南省安乡汤家岗出
土，现藏于湖南省博物馆。

饰有锯齿纹；器腹中部压印有折曲纹，圈足饰上下相对的拱形图案带，圈足下部饰锯齿纹，装饰图案之间还点缀有清晰的篦点纹。这件红陶盘的纹饰由多层次构成，刻画的线条间隔均匀，工整中略带些随意，虽然器形略显厚重，但在刻划纹饰后却呈现出变化万千的姿态，并不笨拙、单调。此盘为大溪文化的杰出作品，其锯齿纹、折曲纹等纹样均是人类对生活和自然长期观察的产物，凝聚着古人的生活经验和艺术创造。

带孔黑陶高足杯——屈家岭文化典型器

屈家岭文化年代约为公元前2550年—前2195 年，因1955年—1957年发现于湖北省京山屈家岭地区而得名，主要分布区域为湖北省。该文化早期黑陶较多，灰陶次之，黄陶和红陶较少。陶器表面多数为素面磨光。

这件高足杯以细泥黑陶制成，上为敛口，宽沿外敞，斜壁，近底部圆鼓，圜底杯，下接有直柄中空喇叭座。杯下部刻两周弦纹与斜线纹带条，柄部饰有弦纹、折

图 63　带孔黑陶高足杯

高19.5厘米，口径7.5厘米，底径9厘米，屈家岭文化，1965年河南省淅川县黄楝树遗址出土，现藏于河南博物院。

线纹与圆形镂孔。通体打磨光亮，器型浑厚朴素，别具特色。这件黑陶高足杯是新石器时代屈家岭文化的典型器物，其独特之处在于圈足上装饰有圆形和"T"形镂孔各两行，显示出屈家岭文化在高圈足器制作方面的又一创造。

猪纹圆角长方钵——我国最早的猪纹装饰

此钵以泥质夹炭黑陶制成，钵腹部的正、背两面各刻画有一只猪。猪皆长嘴、竖耳、鬃毛直立、四肢略长、作行走状，从整个形体来看应是野猪。猪的腹部运用了阴刻重圈和草叶纹等纹样。两侧猪首朝向相异，纹样不完全一致，其一稍小且

图 64　猪纹圆角长方钵
　　高 11.7 厘米，口 21.7 × 17.5 厘米，底 17 × 13.5 厘米，河姆渡文化，1977 年河姆渡遗址出土，现藏于浙江省博物馆。

纹饰也较为简单。这种对称动物纹且略有繁简的现象常见于河姆渡文化的各类器物上，可以说是一种独特风格。猪是人类最早开始驯养的家畜之一，此陶钵上描绘的形象还有较多的原始性。此钵是现已发现的最早用猪纹作装饰的陶器，十分珍贵。猪纹陶钵造型生动古朴，形象逼真，色泽纯黑，质地古拙，猪纹刻画简洁流畅，姿态活泼逼真，是原始社会绘画的代表作。

黑陶釜——古代蒸煮器

这件陶釜（fǔ）胎质为夹炭黑陶，比较粗厚疏松，重量较轻，吸水性强。广口，翻唇下折，鼓腹，颈腹连接处有肩脊相隔，腹部饰有绳纹。圜底，底部已部分脱落，从脱落的痕迹可以看出这件黑陶釜是用泥片贴筑法制成的。泥片贴筑法是新石器时代早期普遍使用的一种制陶方法，先把陶泥弄成片状，再把陶片层层相贴，直至贴筑成器形。陶釜在使用时需要用陶支脚支撑起来，在其下部燃火。目前发现的陶支脚颇为粗大，多有使用过后留下的

图65 黑陶釜

高25.5厘米，口径12厘米，河姆渡文化，1973年浙江省余姚市河姆渡出土，现藏于中国国家博物馆。

烟熏痕迹。陶釜在单独使用时比较适于煮食。后来人们在有些釜的上部放置一个底部带许多孔眼的甑，相当于我们现在的笼屉，釜就兼具蒸食的作用了。河姆渡遗址发现的一件陶釜底部的残片上还残留有烧焦了的米饭锅巴，这说明河姆渡人已经将稻米作为主食了。

黑陶贯耳壶——陶文与文字起源

该壶为泥质黑衣灰陶，形似鱼篓。直口卷沿，高颈，略微向外舒展，深腹下垂，平底。器腹上部两侧附有贯耳，它既起到装饰美观的作用，又可用绳系提水。

陶器文物释读赏析与鉴定

图66 黑陶贯耳壶

高 12 厘米,口径 8.8 厘米,良渚文化,1974 年江苏省吴县澄湖遗址第 127 号井出土,现藏于苏州吴中区文物管理委员会。

颈肩连接处有制作的接缝,形成自然的分界线,给人端庄、稳定的视觉效果。

黑陶贯耳壶是良渚文化的典型器物,外观漆黑光亮,显示了黑陶的秀美风格。黑陶的大量出现,可能同当时崇尚黑色的民俗观念有关。黑陶的黑色光泽之美是令人心醉的,那种细腻润泽的质感散发着沁人、诱人的魅力,正是尚黑的民俗心理与情感的充分体现。这件贯耳壶最为重要的价值是,在腹部鼓出部位自左至右并列刻画四个陶文,四字集一器,这在新石器时代尚属首次发现。从这些字形来看,似乎

图 67 彩绘陶鬲

通高25厘米，口径18.2厘米，夏家店下层文化，内蒙古赤峰市敖汉旗大甸子遗址612号墓出土，现藏于中国社会科学院考古研究所。

已脱离图像的形态，可能代表着某种含义，有学者认为它是文字的前身。良渚陶文的发现，为中国文字起源的研究提供了重要的实物资料。

彩绘陶鬲——鲜艳浓郁之美

夏家店下层文化是中国北方地区的青铜时代文化，因最初发现于内蒙古自治区赤峰市夏家店遗址下层而得名。主要分布在燕山山地和辽西及内蒙古东南部地区。其陶器类型比较丰富，有尊、鬲、盆、罐、鼎、盘、豆、爵等，而且在一定程度上体现着独特的地方特色。鬲是古代的一种炊器，用于烧煮加热。在形制上类似于鼎，有三足，但三足中空，以便获得更好的加热效果，主要用于烹调稀食。此种类型器在新石器时代广泛流行，商代至春秋时期流行的青铜鬲就是依照陶鬲而制作的。

这件彩绘陶鬲以泥质黑陶制成，敞口、卷沿、腹部内收、空足下接短小足尖。器身绘有鲜艳夺目的曲线云勾纹。以黑色表为地，使用红、白两色矿物颜料

陶器文物释读赏析与鉴定

描绘卷曲的线条，再构成连续的单元，类似于青铜器上常见的云纹。整个画面形成红、白、黑三色相得益彰的图案效果。该器造型别致，装饰华丽而鲜艳，散发着强烈的艺术感染力，是夏家店下层文化彩绘陶中的精品，也是彩陶中的艺术珍品。

彩绘唇口双腹陶罐——线与面的完美结合

图 68　彩绘唇口双腹陶罐
高27.5厘米，口径7.4厘米，底径8厘米，夏家店下层文化，1976年内蒙古自治区敖汉旗大甸子早期青铜文化墓葬出土，现藏于辽宁省博物馆。

这件彩绘唇口双腹陶罐以泥质红陶制成，小口，沿外卷，厚圆唇，长颈斜外阔，上小下大双扁圆腹，束腰，假圈足略外撇，平底。该彩陶罐除颈部饰有三个对称的乳钉纹外，通体用黑、红两色矿物原料搭配绘画横条纹、斜线纹、云雷纹以及几何纹和双连体回纹等图案装饰。双腹罐口部及底部皆涂有黑彩，这与器身色彩鲜艳、醒目而华丽的红、黑纹样相得益彰，分外鲜明。这件精美的陶器出土于墓葬之中，应该属于等级较高的随葬品。

这件器物整体造型优美端庄，各部比例协调，彩绘别具一格，线条流畅，具有浓郁的时代特色和地方特色。

镶绿松石回纹彩陶罐——创新之美

该彩陶罐以泥质红陶制成，施有黑彩，口沿内绘有网纹装饰，颈部绘复道三角纹，耳上和腹部一周粘贴有绿松石片，但由于年代久远，有些镶嵌物已脱落，只剩下凹陷的小孔。

随着远古先民生产生活水平的进一步提高，加工制作工艺和制作工具也逐渐有了改进，审美情趣也随之提升。这些方面在陶器装饰上皆有体现，如将镶嵌工艺开始应用在彩陶上，出现了镶嵌有绿松石、玉管片等饰物的彩陶。这件彩陶罐就

图69　镶绿松石回纹彩陶罐
　高8.7厘米，口径7.7厘米，底径3厘米，四坝文化，1976年玉门市清泉乡火烧沟出土，现藏于甘肃省文物考古研究所。

是这一艺术创造的典型代表，用鲜艳的镶嵌饰物衬托彩陶图案，使彩陶整体更富美感，闪烁着独特的艺术韵味。从其造型及装饰特色来看，应为一件用于较高层次的特殊器物，不排除与祭祀有关。

白陶豆——高雅端庄的盛器

以泥质白陶制成，上部为盆形，敞口微敛，折沿，圆唇，浅盘，平底，下连喇叭形高圈足。盘表与圈足上、下部分别饰有云雷纹带条，而圈足中部则装饰相互接连的圆圈纹与内套的折角纹图案，错落有

图 70　白陶豆

高13厘米，口径22.5厘米，商代，河南省安阳出土，现藏于中国国家博物馆。

致，风格高雅。这件白陶豆胎质洁白，造型端庄凝重，器表装饰华丽而优美，是商代晚期罕见的艺术珍品，也是白陶之中的精品。

白陶多为手制，兼有泥条盘筑和轮制法，出现于新石器时代中期，商代后期发展到顶峰，至西周逐渐衰落。白陶是以瓷土和高岭土为原料，在1200摄氏度左右的高温下烧成的陶器。因其比一般陶器胎质坚硬且洁净美观，在当时多为统治阶级所用。夏商时期的陶器主要有酒器以及豆、钵等食器，器表多刻饕餮纹、夔纹、云雷纹和曲折纹等精美图案。这件白陶豆无疑是仿同期青铜礼器的一件极为珍贵的工艺品。

饕餮纹陶斝——商代典型酒器

斝（jiǎ）是中国古代用于盛酒和温酒的器具。在礼制方面，据《礼记》《左传》等古书记载，斝主要是用来行祼（guàn）礼的酒器，祼礼即是古代斟酒灌地的祭礼。斝始见于夏代晚期，盛行于商晚期至西周中期。基本造型为敞口，口沿有柱，宽身，一侧置鋬，无流无尾，下接有长足，有盖和无盖的形制并存。斝作为礼器，通常与觚（gū）、爵等组合成套使用，且以青铜铸造。斝的器形有腹圆而平底的，有腹部分裆、袋足似鬲的，也有少数体方而四角圆、四足带盖的类型。

这件陶斝以泥质灰陶制成，敞口、高颈、浅腹外鼓，三尖锥足，有鋬，口部有两短柱，形制与同期的青铜器基本相同。尤为精美的是，该斝腹部饰有圆圈一周以及商代较为典型的饕餮纹。造型规整，制作精良，反映了商代酒器的基本信息，有重要的历史价值及艺术价值。

图 71　饕餮纹陶斝
高27厘米，口径19厘米，商代，河南省郑州二里岗出土，现藏于河南省考古研究所。

陶鼎——陶制礼器

鼎出现于新石器时代，是用于煮食物的炊具，一般为夹砂陶。器形大多为圆形，深腹，圜底或平底，有圆柱形或扁片形三足；有的有双耳，带盖。形象地说，它就像是一个非常大的火锅。古代人们把各种食物一起放入鼎里，然后在鼎的底部生火，把食物煮熟。由于鼎的体积太大，不容易移动，所以只能放在一个固定的地方。最早的陶鼎见于河南新郑裴李岗和河北武安磁山遗址。到了西周时期，陶鼎被改造成了较小型的器皿，但很快被铜铁所制的食物容器代替了。值得注意的是，商周时期青铜鼎成为礼制重器，陶鼎的地位也随之提高，具备了礼制的意义。

该陶鼎以泥质灰陶制成，器盖呈深黑灰色，上置有三个生动可爱的兽形钮。圆浅腹，下接三个兽形蹄足。肩有一对方形直耳。造型新颖，虽没有华丽的纹样装

图72　陶　鼎
　　高43厘米，口径28厘米，战国，1956年北京市昌平区松园二号战国墓出土，现藏于首都博物馆。

饰，但其兽形钮与蹄形足却将整个器物点
缀得生动有趣，变沉重严肃为活泼优美。

朱绘陶豆——极富时代风格

豆，古代盛肉或其他食品的器皿。它
既是盛食器，又是礼器，形状像高脚盘。
新石器时代晚期开始出现，盛行于商周时
期，有陶制、青铜制或木制涂漆的。豆的
器形从陶豆开始，到青铜豆，始终保持它
的基本造型，而且始终是祭祀礼器组合中
的重要一员。

北京昌平松园村战国墓出土的朱绘陶
豆分小口豆和大口豆两种类型，此为大口
类型。此豆以泥质灰陶制成，仿青铜礼
器，子母口（即盖内凸圈小于器物口沿，
可插入器口，用以固定盖子），弧腹，喇
叭形高足。由两个半球形器组合，上部为
盖，盖为倒鼎形，三足朝上，足间以弦纹
相隔，三足盖倒置，也可盛物。下部为浅
盘，高柄，凹底，足沿成喇叭形；器柄至
足部有十四道弦纹，器身饰有朱彩变形螭
纹，彩绘流畅而飘逸，整体造型具有战国
时期陶豆的典型特征。

图 73　朱绘陶豆
　　高33厘米，口径16厘
米，底径16.4厘米，战国，
1956年北京昌平区松园战
国墓葬二号墓出土，现藏于
首都博物馆。

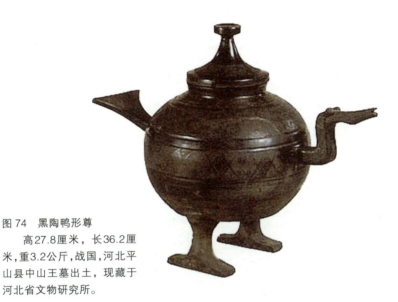

图74 黑陶鸭形尊

高27.8厘米，长36.2厘米，重3.2公斤，战国，河北平山县中山王墓出土，现藏于河北省文物研究所。

黑陶鸭形尊——典雅精致的明器

黑陶鸭形尊盖顶较高有圆形钮，除斜面饰内填波折纹的卷云纹外，均磨光。小口直唇，器身球形，平底，前有鸭首为流，后以尾为鋬，双璞形足，短腿长脚。器身由双凹弦纹分为三格，上两格饰兽形纹加"S"形纹和内填波折纹的卷云纹，下部磨光。鸭首细长，颈部上曲呈方棱状，两侧饰有"S"形纹饰；鸭尾呈燕尾形，向上斜翘，饰有波折纹。

尊为酒器，此尊是专为殉葬特制的明

器。以鸭形为造型，设计明快，生动传神，体现了中山国制陶工匠的高超技艺。此外，更具特色的是，装饰花纹的部分打磨得光彩悦目，花纹以外的部分略显粗糙，这一衬托手法使得花纹更加美丽。其装饰工艺是，在陶坯半干时反复压磨，再压划精细的纹饰，焙烧时以浓烟熏染，烧成又黑又亮的黑陶。

陶量——度量衡之实物

秦量是秦始皇统一全国量制时所用的标准量器，有铜量和陶量两种。这件陶量以泥质灰陶制成，陶质坚硬，呈黑灰色。平口，方唇，筒腹，腹上部两侧有对称的双耳。从腹部至底部饰有绳纹，器为平底。器外壁阴刻秦始皇统一度量衡时所颁发的诏书，书体为李斯小篆，篆法瘦劲，与秦诏版的风格完全一致。铭文为"廿六年皇帝尽并兼天下诸侯黔首大安立号为皇帝乃诏丞相状绾法度量则不壹歉疑者皆明壹之"。实测容量：盛小米51.7市斤，为秦代十五斗五升。内蒙古赤峰地区地处北方草原，秦代时属辽西、右北平郡管

图 75　陶　量
　　高34厘米，口径39.6厘米，秦，1961年内蒙古自治区赤峰市松山区老北大桥蜘蛛山遗址出土，现藏于内蒙古赤峰市博物馆。

辖，是秦代中央政权在汉北的重镇要塞，所出陶量是目前在我国最北部发现的秦代量器，是秦朝在北部地区实施统一措施的重要实物例证。

凸雕龙凤纹彩绘陶壶——浪漫主义的艺术魅力

　　彩绘陶始于新石器时代晚期，主要在灰陶上作画，有的使用红、黑、黄、白、赭等彩直接在陶器表面绘画，也有的在涂有白或黄色的地色上，再用各种颜色进行绘制。战国、秦汉时期是彩绘陶的发展繁荣时期，这一时期的墓葬中常以彩绘陶壶、豆、盘、尊和鼎等器物随葬，这些彩绘陶的色彩丰富，纹饰复杂，充满着浪漫主义的艺术魅力。

这件凸雕龙凤纹彩绘陶壶就是一个典型例证。口部外撇，带盖，颈稍粗，圆腹，腹部对称置有双环形系，高圈足。通体以彩绘进行装饰，口沿下绘有一周三角纹，颈部纹饰是在三角纹内绘云纹。腹部用三周凸起的弦纹划分上下两部分装饰带，上为龙、虎、凤，相互追逐于流云之间，色彩绚丽，线条流畅婉转，画面生动活泼；下为彩绘缠枝花纹，波卷缠绵、花繁叶茂。圈足上绘有三道弦纹。整个陶壶色彩丰富、颜色鲜艳，历经两千多年，依然光彩夺目，不愧为一件绝美的艺术珍品。

图 76　凸雕龙凤纹彩绘陶壶
　　通高64厘米，口径21厘米，足径24厘米，西汉，现藏于北京故宫博物院。

图77 彩绘神兽纹陶壶
高49厘米，口径18厘
米，西汉，河南省洛阳出
土，现藏于河南博物院。

彩绘神兽纹陶壶——向往灵魂不灭

汉代厚葬之风盛行，彩绘陶的制作极
为兴盛。其纹饰有几何纹、植物纹、动物
纹及人物纹等，富有生活气息；纹饰色彩
以对比强烈的红与黄、白与黑互为主宾，
混合使用，装饰性很强。

此陶壶为泥质灰陶，施有橙黄陶衣。
敞口，有扁圆形盖；束颈，鼓腹，平底，
带有圈足。口至腹部以黑、红彩相隔，填
有锯齿纹、波状纹、三角云纹。从颈部至
中腹是主题纹饰，最为醒目。用黑色弦纹
分为若干区间，中部主题的区间较宽，绘
有青龙、玄武、白虎、朱雀，生动形象，
技巧熟练，色彩富丽，风格豪放，发挥了
中国绘画线条的特长。汉代人笃信谶
（chèn）纬、天人感应、灵魂升天等思
想，流云中的神兽就是作为人们灵魂升天
时驾乘的工具而出现的绘画题材。这一画
面在汉代的画像砖、画像石上也多有表
现，体现了汉代人在精神上向往灵魂不灭
及在艺术上的审美情趣。

陶器文物释读赏析与鉴定

彩绘茧形壶——"鸭蛋壶"

茧形壶，又称"鸭蛋壶"，因器形似蚕茧，又若鸭蛋而得名。该器唇口，微敞，短颈、腹呈横向长椭圆状、圈足外撇。周身施有黑色陶衣，绘有红白相间、舒卷自如的涡卷云纹图案，给人以古朴、庄重、鲜丽之感。此彩绘茧形壶的造型与纹饰，充分体现了汉代那种阳刚之美与大气磅礴的时代风格。

图 78　彩绘茧形壶
高28厘米，口径13.5厘米，西汉，陕西省潼关蝎子山出土，现藏于河南博物院。

该类型壶起初为战国时期秦国所产，在西汉时期也有盛行，多流行于关中及豫西一带，后来还传入朝鲜地区。此外，在唐代青白釉瓷器中亦有所见。"鸭蛋壶"的基本器型是小口、短颈、腹部呈横椭圆形，下附有圈足。主要在壶腹以红、白两色彩绘流云纹、几何纹图案，或者暗刻弦纹装饰。茧形壶在当时既用作容器，又可在战争中埋入地下，用以倾听远方敌方骑兵的马蹄声。

彩绘三角纹陶甗——端重典雅的蒸煮食器

上甑下鬲合而成甗（yǎn）。甑，盆形，扳沿，平底，圈足，底上饰密集的圆形气孔；鬲，敛口，溜肩，扁鼓腹，圜底附有三柱足。甗可以同时蒸、煮食物。该甗与同墓出土的陶鼎、陶壶组合成套，呈现出中原地区承继先秦葬礼的遗风。该彩绘陶甗造型规整，装饰手法新颖，施有土黄色的陶衣，器身绘有数层等腰三角形、对顶三角形的纹饰，内填白彩珍珠纹，各层间以红、白或红、黄彩带，鲜艳华丽。

陶器文物释读赏析与鉴定

图 79　彩绘三角纹陶甒

　　高37厘米，口径34厘米，西
汉，1975年河南省三门峡上村岭7
号墓出土，现藏于河南博物院。

足部以简练的笔法勾出红彩兽面。整个器物古朴端重、典雅艳丽，纹饰色彩对比强烈又和谐统一，可谓繁简有致，布局得当。该陶瓿也为研究西汉早期人们的生活习俗、葬俗及审美观念提供了实物资料。

绿釉凸花狩猎纹陶壶——大自然的气息

该陶壶撇口，颈较粗，斜肩，鼓腹，腹向下敛，近底向下垂，平底。壶肩两侧为铺首衔环耳，灰白色胎。壶腹部浮雕狩猎纹一周，可见林中飞奔的龙、虎、马、羊等兽及飞禽，生动传神，活灵活现。狩

图80　绿釉凸花狩猎纹陶壶
高25厘米，口径9.8厘米，底径10.2厘米，现藏于北京故宫博物院。

猎纹装饰流行于战国至汉代的工艺品上，表现的内容有宴乐、弋射、采桑、狩猎以及水陆攻战等题材，反映了当时的社会生活状况。以凸雕的方法装饰这些纹样，使该陶壶的造型与装饰达到最佳组合，展现了当时的视觉欣赏与艺术审美。

在我国，低温铅釉的发明比青釉要晚得多，但在汉代时已经相当普遍。它的特点是釉面光泽较强，表面平整光滑，釉层清澈透明，犹如玻璃一样。传统的低温色釉的主要品种有绿、黄、蓝、红、紫等多种。我国传统的绿釉都是以氧化铜作着色剂，属于铜绿釉。含氧化铜的石灰釉在氧化气氛中呈现出绿色。该陶壶则通体施以绿釉，釉色匀净光亮，散发出柔和的自然气息，与整个画面达到和谐统一。

绿釉陶朱雀九支灯——贵族豪华花树灯

绿釉陶朱雀九支灯以泥质红陶制成，遍身施有翠绿色的厚釉。灯台造型的母题似为连理树，由灯座、灯盘、灯柱组成。灯座呈喇叭口形，顶端托着一个可以盛油盏的圆盘，上承一只展翅的仙鸟，似为朱

图 81　绿釉陶朱雀九支灯
　　高65厘米，宽39厘米，
东汉，1961年北京市平谷
区西柏店汉墓1号墓出土，
现藏于首都博物馆。

雀。在中国传统文化中，朱雀是祥瑞之
物、上古四大神兽（即青龙、白虎、朱
雀、玄武，它们分别代表东西南北）之
一。中心柱上分三面伸出九支"S"形垂
蔓，错落有致。每蔓根部都压有一个三角
形镂雕叶丛的装饰，起到遮光的作用。这
种多支陶灯的造型一般三至十五枝不等，

如河北满城中山靖王墓中出土的最多为十
五支。

　　该陶灯为贵族阶层的随葬明器，设计
新颖，造型独特，施釉均匀，制作精美，
整体富有节奏感和韵律感。灯点燃以后，
交相辉映，有如花树，呈现豪华气派。

　　绿釉龟鹤陶灯——龟鹤伴长生

　　该陶灯由油盏、灯柱、灯座三部分组
成。灯座为一只寿龟，四龟足为支撑。龟
背立有灯柱，柱身有几道环状凸起装饰。
柱上立一只姿态优美的仙鹤，曲颈垂头，
若有所思。仙鹤背上斜置一个小油盏。此
器为低温铅釉陶，以铜为着色剂，烧成绿
釉陶。

　　传说中的龟是四灵之一，为甲虫之
长，是长寿的象征，可兆吉凶，所以古时
常常用龟甲刻文占卜。《尔雅·释虫》：
"十龟：一神龟，二灵龟，三摄龟，四宝
龟，五文龟，六篮龟，七山龟，八译龟，
九水龟，十火龟。"由此可见，龟乃吉祥
之物。日本人对龟有特殊的感情，他们常
常以龟字为名，即借用龟的长寿之意。传

图 82　绿釉龟鹤陶灯
　高37厘米，宽20.5
厘米，重1.3公斤，东汉，
现藏于东莞市博物馆。

说中的鹤也是一种仙禽，据崔豹《古今注》载："鹤千年则变成苍，又两千岁则变黑，所谓玄鹤也。"鹤被道教引入神仙世界，成为高洁、清雅的象征，又被视为鸟中长寿的代表。龟、鹤两种仙物同时出现则有同享高寿之意。

（三）明器类

明器即专门为随葬而制作的器物，又称冥器。除了日用器物的仿制品外，还有人物、畜禽、井灶、房屋楼阁、车船的模型。

彩绘陶载人鸠——追求羽化登仙

此彩绘陶载人鸠为国宝级文物，以泥质灰陶制成。从整体上看，陶鸠昂首伸颈，双眼目视前方，短喙，两足踏于方形底座之上，头与胸部绘有鳞状羽纹，双翼左右平展，长尾微微上翘。鸠展翅承载朱绘鼎，鼎身绘有心形纹，鼎足为人形。鸠背部站立三人，其前面二人，均着朱色宽衣，头上饰环形高髻，拱手对立；另一人着赭色衣，双手撑着圆盖伞。鸟形生动逼

图 83　彩绘陶载人鸠
　　　通高53.5厘米，宽45厘米，西汉，1969年山东济南出土，现藏于济南市博物馆。

真，展翅欲飞，似传说中的神鸟。这件陶塑精品构思巧妙，造型独特，简朴古拙。

汉代人把鸠视作吉祥之鸟，满鼎美食，供人食用，可以长生不老。汉时在山东地区，阴阳五行、谶纬的思想渗入了儒家思想，成为当时思想的主流，而汉武帝更遣人出海求长生不老之药。在这些风气之下，许多艺术品中都流露着浓厚的神话色彩，其内容多围绕长生不老和传说中的神仙形象。此彩绘陶载人鸠不仅是国内外罕见的陶塑艺术珍品，而且是当时社会追求长生不老或羽化登仙思想的最直接反映。

彩绘陶乐舞杂技俑——尽显市井意趣

以泥质灰陶制成，舞台是一件长形陶盘，二十一件陶俑被固定在陶盘之上，或演奏、或观赏。在舞台的中心，有一头戴冠、身着朱袍的陶俑，似为演出司仪，他好像正在向观众介绍节目。司仪身旁有两位身穿红、白两色舞衣的女子，她们正在挥动长袖，翩翩起舞。旁边戴尖帽的男子，正相向倒立表演"拿大顶"的项目。

图 84　彩绘陶乐舞杂技俑
座长 67 厘米，宽 47.5 厘米，陶俑最高者 22.7 厘米，西汉，1969 年山东省济南市无影山出土，现藏于济南市博物馆。

后面还有两位男子正在表演软功。舞台后
有七人组成的乐队，演奏者分别在吹笙、
鼓瑟、击缶、敲钟、捶鼓，个个神情专
注。舞台两侧有七名观众或助兴者，他们
头戴冠、腰系带，相向拱手而立。此组陶
俑人物众多，人物造型虽显古拙，但很传
神，鲜艳的彩绘更增强了艺术形象的感
染力，渲染出活泼生动的市井意趣。

这组彩绘杂技乐舞陶俑，构成了一个
完整的舞台演出场面，在目前发现的同类
内容的中国古代艺术品中属于年代最早的
一件。它集舞蹈、音乐、杂技于一体，布
局井然有序，气氛热烈欢快，人物生动
传神，再现了当时风行的"百戏"演出时
的热闹场面，同时也是研究汉代服饰、乐
舞、杂技和雕塑艺术的重要资料。

彩绘陶熏炉——袅袅清香沁心扉

以泥质灰陶制成，形制似豆，器身浅
盘，子母口，喇叭形座。盖顶微拱，正中
置有鸟形钮，鸟的眼、翅和尾部用红、黑
两色勾出。盖顶的鸟形钮周围刻画卷云纹
和弦纹，又绕以四个三角形划纹，并加饰

图85　彩绘陶熏炉

通高13.3厘米,口径11.2厘米,底径8.4厘米,盖高5.4厘米,西汉,1972年湖南省长沙马王堆一号汉墓出土,现藏于湖南省博物馆。

篦(bì)纹(是用一种尖齿的篦状工具,刻画出的线条是细凹的一组平行线)、方格划纹和镂孔。盖与器腹有三角纹镂空,外壁刻画菱形方格纹,其中加填红色点彩。该熏炉出土时,盘内残存燃烧过的茅香炭状根茎。该炉造型别致,镂空设计美观实用,展现了汉代贵族的日常生活。

熏炉焚香,香烟从盖上镂孔徐徐冒出,云雾缭绕,有清洁室内空气、镇静安神、防病治病以及陶冶性情的功效。熏炉是古人家庭中的常备用具,那时人们常

以焚香木、香草来熏居室，以除臭秽。古
人在读书弹琴时，喜欢先焚一炉香，这样
可以净杂念而使精神集中。印度也流行熏
香，婆罗门教也有烧香的习惯。随着佛教
传到中国，中国的香炉也进入了佛教的殿
堂，成了佛寺中的佛门法物。

彩绘陶鼎——钟鸣鼎食之鼎

这件彩绘陶鼎出土于长沙马王堆汉
墓，为泥质灰陶，出土时鼎内盛有鸡骨。
陶鼎有附耳，器身表面涂黑色粉状物，口
部绘银灰色宽弦纹和波状纹各一道，足部
和耳部绘银灰色纹饰。器盖的表面磨光髹

图86 彩绘陶鼎

　　高16厘米，口径16厘米，耳
高6.1厘米，西汉，1972年湖南
省长沙市马王堆一号汉墓出
土，现藏于湖南省博物馆。

图 87　彩绘陶钫

　　通高 35.8 厘米，口径 10.7 厘米，底径 14.7 厘米，西汉，1972 年湖南省长沙市马王堆一号汉墓出土，现藏于湖南省博物馆。

（xiū）漆，顶部用黄、绿、银灰三色绘出四朵云纹，周围绕以两道银灰色的弦纹和一道波状纹。陶鼎上的装饰纹样呈对称排列，充分展示了汉代装饰艺术的多彩变化。

　　在经历了战国晚期"礼崩乐坏"局面的猛烈冲击之后，以用鼎制度为代表的祭祀礼制已经淡化，但从西汉马王堆汉墓这一例可以看出，祭祀礼制仍有孑遗，并且演变成通过陈列更多的鼎、盛装更多的食物来炫耀墓主人生活的奢华。此外，在当时还形成了"美食不如美器"的观念，这也是汉代陶鼎、漆鼎等器具装饰日渐华丽的社会原因。

彩绘陶钫——贵族精美酒器

　　钫（fāng）为古时盛酒器，即方形酒壶，盛行于战国末期到西汉初期。此陶钫以泥质灰陶制成，器身合模制成。平唇、口微外侈、鼓腹、高圈足，肩有铺首，盖作盝（lù）顶形。器表磨光髹漆，除下腹部外，周身用黄、绿、银灰三色绘制花纹。肩部二铺首上各绘一只昂首立凤，另两侧及四角各绘一朵花瓣状云纹；

腹部四边各绘一朵卷云纹；圈足四边各绘
一只凤纹；器盖的顶部用银灰、朱红二色
绘四蒂纹，四坡则有黄、灰二色的弦纹和
波状纹。

这件彩绘陶钫的纹饰简洁雅致、构思
巧妙，尤其是颈部的立凤更为优美，线条
勾连交错，婉转流畅，和漆器纹饰有共同
的特色，是不可多得的精美彩绘陶器。

绿釉陶井——灌溉生命之田

这件陶井以泥质红陶制成。井大口略
外敞，唇外折，深腹，束腰，近底处有折
棱，垂直向下，平底。口沿上有一拱形水
架，中央直立两椭圆形柱，中间装一个固
定滑轮，上端为一桥形梁，梁顶上卧一只
禽鸟。井架两侧有鸟、树及弯曲形饰物，
左右对称；拱的中部下垂一长圆形物，上
粗下细，井沿上有汲水用的小水罐，上有
一横提手，斗壁饰有柳条纹。这一小水罐
的塑造，生动地再现了当时人们汲水的情
形。器身及内口施绿色釉，釉色均匀光
泽，井的底部露胎。

此器为古代随葬明器，造型精美、生

动逼真，酷似实物，充满了生活气息。汉代井为汲水饮用或灌溉之用。井的发明，大大减少了古代人们对江河的依赖性，为城邑的形成以及国家的产生创造了非常有利的条件。在汉代考古工作中，中原地区多发现水井及水井模型，而南方及成都、关中地区则多发现水田陂池模型，反映了各地作物种类的不同和种植上的区别。这些陶井模型为我们了解汉代水井的形制，研究汉代丧葬习俗，提供了一批珍贵的实物资料。

图 88　绿釉陶井

通高41厘米，口径15.3厘米，西汉，1958年山东省高唐出土，现藏于中国国家博物馆。

图 89　陶船

　　高16厘米，长54厘米，东汉，1954年出土于广东省广州市先烈路，现藏于中国国家博物馆。

陶船——拥有武装保护之船

　　此陶船呈长条形，首尾较窄，中部较宽，两端微上翘，底平。船头两边各插浆架三根，船舱横架梁檐八根，两舷有走道。船内分前、中、后三个舱室，前舱低矮而宽阔，篷顶作拱形；中舱略高，成方形，篷顶呈圆形而微凸；后舱即舵楼最高，稍微有些狭窄。篷盖为一脊两坡，船尾还设有厕所。船上塑有六个人物，分立各处进行操作，各司其职。此外甲板上还布置有六组矛和盾，说明这是一艘有武装保护的内河航船的模型。

船首有系船的石墩，船尾有舵，舵杆通过舵室固定在船尾部。舵是中国古代造船技术上的重要发明，这是世界上已发现的最早的船舵形象资料。它不同于近代的舵，还保留着由梢演变而来的迹象，但比梢短，比一般河船的舵则长一些。此船结构复杂，设有舵锚，还有梁橹装置，可起到装载量大、行驶平稳的作用，显示了当时造船技术的进步。

三合式陶屋——大户人家院落模型

三合式房屋建筑是汉代岭南一带房屋建筑类型之一。这种建筑主要由三幢房子

图90　三合式陶屋
一组高18厘米，长20.8厘米，宽20厘米；一组高22厘米，长30.5厘米，宽9.5厘米。东汉，1957年广东省广州市东郊麻鹰岗出土，现藏于中国国家博物馆。

组成一个"凹"字形平面，前面一幢作横的长方形，其余两幢对称于背面的两侧，当中用矮墙连接，构成后院。房屋两侧（或一侧）有走廊，在此设斜梯通往后屋。后面的两屋，一为厕所，一是畜舍，有的畜舍和院落沟通。三合式陶屋多数是在东汉中期以后的大型砖墓中发现。

此陶屋胎质松软，呈红色。前面一幢呈长方形，正中辟有一门，两边设有窗户，门侧有一立俑，后有高墙与两廊屋隔断。左边廊屋为畜舍，一俑正在赶着牲畜入内；右边廊屋是厕所，一俑正踏梯而上。这种房屋结构匀称，布局合理，使用方便。

三合式房屋不仅在陶雕中有所体现，而且在汉代画像石中反映得较多。作为随葬明器，虽然材质不同，但用意殊途同归，都反映了墓主人生前的生活情况。三合式房屋在出土文物中所见数量并不多。这种房屋的出土，为研究当时这一地区的房屋结构以及社会生活提供了可靠的实物资料，实属珍贵。

图 91　七层连阁式陶仓楼
　　高192厘米，面阔168
厘米，东汉，1993年出土于
河南省焦作市白庄六号
墓，现藏于河南博物院。

七层连阁式陶仓楼——庄园经济的写照

　　整个建筑由院落、主楼、配楼和阁道四大部分共三十一件单体组合而成。这件七层连阁式陶仓楼是目前发现的层数最多、最高大完整且最具代表性的汉代建筑明器。

　　院落三面围墙位于主楼之前，中间是可开启的长方形大门，门内卧有一只小陶狗。大门上方两端有对称的双阙等。主楼整体造型为下大上小的七层，配楼为一高台式单檐四层建筑。阁道有两面坡式脊顶，横架在主楼与配楼第三层之间。这一件连阁式陶仓楼规模宏大，设计精巧，结构复杂。主楼与配楼挺拔秀丽，又有阁道横架，巧妙地将二者连为一体，这正是汉代"复道行空"高超建筑技术的真实写照，同时也反映了汉代庄园经济的状况，为我们了解汉代建筑提供了实物模型。陶仓是仿照实用粮仓形状制作的模型明器，多出现在汉墓中，造型亦是多种多样，有方形、长方形、楼阁式、干栏式等，反映出汉代农业经济的迅速发展以及由此给丧葬习俗带来的影响，也给研究汉代粮食储藏、粮仓建筑技术提供了实物资料。

东汉杆栏式陶屋——乡土建筑形式

杆栏式是岭南地区原生、特有的一种建筑样式，主要功能是使房子与地面隔离而达到有效的防潮，适合于那些住在雨水较多、比较潮湿地方的人。这类房屋在建筑时首先打一排木桩，将桩柱埋入地下，在木桩上架地梁，地梁上铺地板，再在上面立柱，用竹木茅草把房子搭成两层，上面住人，下面养牲畜。此外，还要注意将

图 92　东汉杆栏式陶屋
　　高30厘米，长33厘米，
现藏于东莞市博物馆。

屋檐的倾角要做得大一些，以便防雨防晒。

　　这个杆栏式陶屋较有特色，建筑分为上下两层，且陶屋平面呈曲尺形，与屋后猪圈矮围墙组成一个正方形。屋顶塑有脊和瓦楞，正面开有一门，墙面有镂空窗花，刻有几何图案，整体塑造得较为生动形象。该建筑的上层为人居住的空间，下层为圈养牲畜的地方，可以说这是乡土房屋建筑形式。杆栏式陶屋对研究汉代民居及南方古建筑样式具有重要的参考价值。

图 93　陶猪圈
　　高 15.5 厘米，东汉，湖南省长沙市出土，现藏于中国国家博物馆。

陶猪圈——有效利用空间的典型

　　在汉代，猪圈主要有独立式的猪圈、与厕所连接的猪圈和与作坊连接的猪圈几种。其中，与厕所连接的"连茅圈"盛行于华北地区，在中南、华东地区使用也很普遍。

　　这件陶猪圈模型就是汉代典型的连茅圈模型。由圆形围墙构成，围墙上有宽檐以保护墙壁。圆形猪圈一侧的高台上设有厕所，其下部与猪圈相通，猪圈中有一侧卧的肥猪。整个模型的结构非常别致。在当时，猪圈积肥是农家肥的重要来源，人们常常把稻草、谷壳之类撒进猪圈，利用猪的践踏，以及人与猪的排泄物混合积成优质肥料。此猪圈模型就反映了这种原始的积肥方法。此外，连茅圈也与一场宫廷悲剧有关。汉高祖刘邦去世后，吕后的儿子刘盈即位，即汉惠帝。而刘邦生前，打算立戚夫人的儿子刘如意为太子，戚夫人由此便遭到吕后的嫉恨。在刘邦去世后不久，吕后就囚禁了戚夫人，把其子召回长安并毒杀了。更为狠毒的是，吕后命人砍掉了戚夫人的手足，把她扔到连茅圈中，号为"人彘"（zhì）。

陶水田附船模型——呈现夏种夏收的劳动景象

以泥质灰陶制成。水田分为六方，五方田面刻水波纹，一方田面饰有蓖点纹，

图94　陶水田附船模型

水田长39厘米，宽29厘米，最高10厘米；船长21厘米，宽7厘米，通高6厘米。东汉，1961年9月广东省佛山澜石大松岗14号墓出土，现藏于广东省博物馆。

陶器文物释读赏析与鉴定

每方都有一俑在旁边劳作。第一方水田的
人俑头上戴着斗笠，双手作扶犁状，犁头
略呈心形；第二方水田的人俑手里拿着
镰，像是在收割；第三方水田里，一俑坐
在田埂上，正在磨镰刀，田里有两禾堆；
第四方水田里，一俑扶着犁，田面有一犁
头，旁有两个圆堆；第五方水田里，一俑
正要起身站立，田面的蓖点纹表示插过的
秧苗；第六方水田里有两禾堆，有一俑
好像正在捆稻草。水田旁边有一条小船。
这组水田附船模型，虽然比例不甚协调，
但制作简练、形象逼真，生动地再现了当
时夏收夏种的繁忙景象，同时也有着重要
的艺术价值。

陶踏碓——农业生活之反映

实用的踏碓本来是木质的，而这件是
用来随葬的仿制模型。陶踏碓底部一端有
一个凹坑，放入要进行加工的谷物，上部
长木臂一端安装击锤，人踩踏另一端，使
击锤冲捣谷物，使其脱去皮壳。这件陶踏
碓造型模拟较为真实，生动形象，富有浓
郁的生活气息。

图95　陶踏碓

　　长13厘米，宽3.9厘米，三国·吴，1958年江苏南京清凉山出土，现藏于中国国家博物馆。

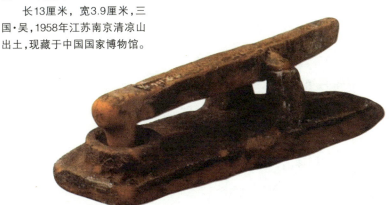

　　三国时期，吴国非常重视农业的发展，兴建或维修了许多水利工程来灌溉农业。景帝孙休时期，为防止湖水泛滥而淹没农田，从吴兴城北到长兴修筑太湖长堤几十里，可见对农业发展的重视程度。此外，还在长江中游地区，引长江支流、澧水支流来灌溉农田。除了大力兴修水利工程以外，吴国统治者还长期开辟屯田，不仅在今浙江境内开辟有屯田区，而且在湖滩也大规模开垦土地，建立了毗陵、湖熟、溧阳、江乘、于湖等屯田区，其中，毗陵屯田区（今江苏常州、镇江、无锡一带）最大。上述这些措施极大地促进了江南地区农业生产的发展，同时也为江东经济带来了发展生机。

陶牛车——皇室贵族的代步工具

车双辕，辕前端上翘，辕间横置一衡。舆箱为矩形，前后两面皆开有门，左右两面全封闭，两壁皆有三个小孔。车盖为卷棚式，前檐伸出，后檐略短。车轮辐条外端粗而内端细，每轮十六条，整体较为结实。牛的头部较长，平举前伸，双耳耸立，嘴巴微启，鼻孔开张，似乎在吐着粗气。躯体浑圆壮实，四足呈圆柱形，粗壮有力，蹄三趾。牛儿延颈伸首，肩驭车辕，正在发力拉车。

图96　陶牛车

车高23厘米，车长44厘米，牛高14.5厘米，南朝，1955年江苏南京中华门砂石山出土，现藏于南京博物院。

这种车名为长檐车，在南北朝时期非常流行。牛车走得比较慢，颠簸的程度较马车要轻，扬起的尘土也较少；而且牛车车厢较大，又有车篷，人可以在里面自由坐卧。当时不仅民间广泛用它作为交通运输工具，就是王公大臣以至皇帝贵妃也都乘坐牛车，将其作为代步工具。有的牛车在舆箱内置有凭几，供乘车者凭倚。牛车的盛行还影响到了葬俗，成为南朝墓葬中多见的随葬品。

（四）陶俑类

陶俑在古代雕塑艺术品中占有着重要的位置。商周时期的陶俑给人以朴拙疏略的印象，春秋战国时期则较为简洁生动。秦时，陶俑的水平已经达到了准确写实的娴熟程度，如气势壮观的秦始皇陵兵马俑。汉代的陶俑种类、数量、水平等都达到了新的高度，如造型生动可爱的说唱俑、姿态优美的乐舞杂技俑等。隋唐时期的陶俑艺术达到了一个新的高峰，尤以三彩俑较为突出，文官、武士、仕女、胡

图 97 踞坐俑
　　高65厘米,秦,1976年出土于
陕西省西安市临潼区秦始皇陵马
厩坑,现藏于陕西历史博物馆。

俑、牵驼、牵马、骑俑成为这一时代的常见种类。陶俑大都反映了当时的社会生活，是反映历史的一种方式，对研究古代的社会风貌有着重要价值。

跽坐俑——秦养马人

跽（jì），长跪也，双膝跪地、上身挺直坐叫做跽坐。秦始皇陵园内出土了一批跽坐陶俑，其具体地点，一是在秦始皇陵东侧的马厩坑内，一是在秦始皇陵封土西侧的珍禽异兽坑附近。前者身份为养马的圉（yǔ）人，后者身份为饲养鸟兽的囿（yòu）人。这件陶俑出土于马厩坑内，留有短须，双手半握拳分别置于膝上，作跪坐状。头绾（wǎn）圆形发髻垂于脑后，身穿交领右衽长袍，腰束带。面部表情拘谨，表现了一个宫廷养马人温顺恭敬、细心认真的性格。出土跽坐俑的马厩坑多为人俑与马俑同坑，有的在马俑坑附近有一人俑坑，说明秦宫廷厩苑内每匹马有一个饲养员。

这件陶俑造型准确写实，比例准确，动态自然，表情肃穆，发丝用阴线刻出，整齐不乱，塑造尤其精细，有很高的艺术价值。

大陶马——驰骋疆场的骏马

秦人善于养马，曾为周天子养马于汧（qiān）、渭二水之间，马大蕃息，得到周天子的赏识，所以才得封于秦。在秦国还有耳熟能详的相马专家伯乐、九方皋等。所以，当时的雕塑艺人对马的习性、形态、神情等谙熟于心，雕刻出的形象极为准确、生动。

图98　大陶马

高150厘米，长200厘米，秦，陕西省临潼县秦始皇陵兵马俑一号坑出土，现藏于秦始皇兵马俑博物馆。

陶马的胎以泥质灰陶制成，细腻坚硬。头部方正，双耳直立前倾，双眼圆睁，鼻孔微张，像在昂首嘶鸣。胸肌宽阔，筋肉结实，四肢矫健有力，剪鬃缚尾，显得膘肥体壮，十分机警雄俊。雕塑艺人的技艺非常精湛，在对真马进行高度概括的基础上，抓住了骏马间歇静立的瞬间姿态，表现了马儿结实的肌肉和富有弹性的造型曲线及蓬勃的生命力。

与这一陶马共出的其他陶马和真马一般大小，出土时是四匹为一组，驾一辆战车，昂首并立，肌肉丰满，筋骨壮健。制陶艺人将这些驰骋疆场的骏马，塑造得细致入微、形神兼备，不愧为划时代的艺术杰作。

彩绘骑马武士俑——骑兵阵容

彩绘骑马武士俑以泥质灰陶制成。马儿昂首嘶鸣，鼻孔张大，双目圆睁，露齿，毛色有黑、红、紫三种；马四腿直立于地，短尾上翘，肌肉隆起。马身上彩绘有鞯（jiān）子和辔（pèi）头（即马笼头），全身施以红彩。马背上骑一武士，

图 99　彩绘骑马武士俑

　　高66厘米，西汉，1965
年陕西省咸阳杨家湾西汉墓
出土,现藏于咸阳市博物馆。

目视前方，头戴冠，足蹬浅帮圆口鞋，鞋
上有黑色圆点，似为模拟一种金属泡钉。
身穿短直摆袍服（秦汉时期的主要礼服），
左手握缰绳，右手作紧握兵器的姿势，俑
下肢膝盖部彩绘有护膝甲片，俑身饰以
红、白彩绘。俑脸型方正，颧（quán）
骨光平，鼻子宽短。马的臀部、尾部和骑
俑的背上刻画有许多不同类型的文字，可
能是汉时军队编制的记号。

　　杨家湾汉墓出土有两千多件陶俑，其

中彩绘骑马武士俑就有五百多个，姿势相同，即一手持缰，一手紧握兵器。马皆嘶鸣挺立，壮健不凡。整体来看，虽不及秦始皇陵兵马俑之雄伟庞大，但也颇为壮观。这组战马高大健壮，武士俑年轻威武，整体造型优美洗练，表现出了西汉陶塑艺术质朴雄健的风格。

彩绘陶舞俑——婀娜柔美的长袖舞

此女俑长发中分，向后梳理，颈后挽髻，发梢左垂，面容清秀，流露微微笑意。内穿交领长袖舞衣，外穿交领宽袖衣，袖缘有褶条纹饰；右手扬起，长袖飘扬在肩上方；左手后摆，长袖舒展，姿态优美轻盈。整件作品，既取大的动势，又注意细部刻画，成功地塑造了舒展洒脱、精神恬静的长袖舞伎形象。长袖舞是汉代著名的舞蹈，其特点是舞者扬举长袖，在空中飘扬，忽如烟起，忽如虹飞，给人以飘洒的美感和游龙登云的神韵，是当时社会审美观念的反映。当时的文人对长袖舞的艺术效果作了许多精彩而准确的描写，如"长袖交横"、"袖如回雪"等。

图100　彩绘陶舞俑

高50厘米，西汉，1954年陕西省西安市白家口出土，现藏于中国国家博物馆。

除重视舞动长袖产生的流动起伏的艺术效果外，长袖舞还很重视腰肢动作。舞伎腰肢纤细，着束腰长袖舞衣，不仅表现出舞伎体态的袅娜，还使舞姿更加轻盈飘逸。陶舞俑制作者抓住了舞女舞动长袖的那一刹那，把轻盈、舒展而柔美的长袖舞刻画得生动传神。这件彩绘陶舞俑为汉代雕塑艺术品中的又一杰作。

哺乳俑——母爱如斯

这件哺乳俑以泥质红陶制成。慈祥的母亲盘腿端坐，一手抱住婴儿，一手喂乳，怀中的婴儿从襁褓里露出圆圆的小脑瓜儿，正甜蜜地吮吸着乳汁。这位母亲额头上扎着巾，头梳高髻，面带幸福的微笑，身穿交领宽袖长袍，衣饰线条宛转流畅。作为一件艺术品，这件哺乳俑无论是从题材内容上，还是从形象刻画上都十分直观生动地体现了世界上最为美妙、深沉的主题——母爱。匠人以朴实的心地，简单的手笔，把母爱表现得淋漓尽致。怀抱幼儿的母亲——一个平凡得不能再平凡的姿势，成为了亘古流传的母爱标志。这是一尊十分生动的慈母之爱的雕塑作品，这类题材在汉代陶塑作品中较少，有着极高的社会意义与文化意义。

图 101　哺乳俑
　　高19.3厘米，汉，现藏于北京故宫博物院。

彩绘陶俑——凝重古朴的仪卫俑

陶俑是中国古代造型艺术中十分重要的雕塑。徐州出土的陶俑，内容丰富，形式多样，具有突出的地域特点。西汉北洞山楚王墓出土的彩绘仪卫俑是中国出土彩俑的佳作。这件仪卫俑，头戴紫色帽，下穿肥裤，领与袖用红、黑两色组成镶边装饰，腰束红带，右肋佩剑，双臂曲肘，手作把握状，并用细红带通过两腋下和右肩系结于胸前，足蹬尖翘首鞋。俑为模制后施色进行装饰，并用黑彩描绘出眉眼、胡须。该俑塑造凝重古朴，集西汉早期的雕塑和绘画艺术于一体，为研究当时的服饰、雕塑艺术等提供了实物资料。

彩绘陶击鼓说唱俑——古代雕塑艺术之瑰宝

此俑以泥质灰陶制成，坐于圆形台座上呈说唱状，面部表情幽默生动。俑表面彩绘已脱落，残存白粉及褐色土痕。着帻（zé）头（古代头巾的一种），胖圆脸，笑口大开，露齿，弯眉笑眼，额前有皱纹数道。上身袒露，两臂上戴有璎珞珠饰。

图 102　彩绘陶俑

高49厘米，西汉，江苏省徐州市铜山县茅村北洞山汉墓出土，现藏于江苏省徐州市博物馆。

图 103　彩绘陶击鼓说唱俑
　　高55厘米,东汉,1957年四川成都天
廻山出土,现藏于中国国家博物馆。

左臂下挟一个圆形扁鼓，右臂举平，手中执有击鼓槌，像是要击鼓的样子。下穿长裤，左腿屈膝，右腿上扬，赤足，脚掌向上。

说唱俑又称说书俑，汉代百戏之一种。四川的东汉墓葬中先后出土过多件形象类似的击鼓说唱俑，这表明当时蜀地说唱表演颇为流行。此俑身材矮胖，表情生动活泼，幽默风趣，雕塑线条简练，技法娴熟，反映了当时塑造艺术的高度成就，是一件细致传神又富于浓厚民间气息和地方风貌的艺术佳作，为中国古代雕塑艺术之瑰宝。

彩绘骑马吹角俑——鲜明的民族特色

此俑所执号角为北方游牧民族常用的胡角，多用牛角制成，起初只是当作一种鸣器，为军中联络或报警之用。后来，其功用发生一些变化，成为乐器。据现有的实物资料，发现北朝陶俑多表现当时北方游牧民族的形象和习俗。如这件陶俑则再现了当时游牧民族骑战马，高吹号角的雄姿，有着鲜明的民族特色。

图 104　彩绘骑马吹角俑

　　通高38厘米，长37厘米，北魏，1953年陕西省西安市南郊草场坡一号墓出土，现藏于陕西历史博物馆。

　　魏晋南北朝时，汉代鼓吹旧制得以推广。如洛阳北魏常山文恭王元邵墓就出土有百余件各类彩绘陶俑，造型优美，别具特色。似列成阵势的仪仗俑群包括骑马击鼓俑、伎乐俑、击腰鼓俑等十四件，各类鼓吹乐俑与威武雄壮的武士俑、双目圆睁的执盾俑、仪态严谨恭正的文吏俑、卑微的奴隶俑等陶俑组合成了较为气魄的场面，共同反映了墓主人外出时的仪仗队伍的阵势，模拟了北魏时期仪仗队伍中鼓吹乐的组合形式。

陶器文物释读赏析与鉴定

白釉陶捧罐女俑——姿态优美的隋代侍女

隋代的陶塑女俑具有体态修长、服饰简朴、姿态优美的特点。制作时，先雕塑女俑的大体，然后将大体翻成对合空心模，再用泥坯在模内印压，成两半塑像，对合贴连而成。而女俑的细部，如手、头等部位，有时是在大体形成后另外粘接上去的。

该女俑通体施白釉，釉色微闪青，为典型隋代侍女形象。发髻高耸，脸型瘦削，双目专注，面露微笑，形体修长，右手前弯，左手捧一小罐，身穿小袖长裙，是隋代女俑中的典型作品。隋代陶俑在传世品中所见相对较少，女侍俑更是不多见，这类俑一般在陪葬陶俑中属生活俑类。所见隋代白釉女俑，形体、制作均大同小异，较多的为乐俑。从该女俑的优美造型和线条、神态，可以看出隋代制陶技术的高超，其发式、装束等也为我们了解隋代的服饰文化提供了宝贵的实物资料。

图105　白釉陶捧罐女俑
　　高26.5厘米，隋代，现藏于上海博物馆。

图 106　三彩乘人骆驼

　　高38厘米，长32厘米，唐代，1965年洛阳市关林五十九号唐墓出土，现藏于洛阳市博物馆。

三彩乘人骆驼——唐代商贾

　　骆驼背部为白色，前颈和四肢有棕黄色长毛，背上有蓝、绿色的毯子，上置有夹板，两驼峰之间搭置着一个大型兽面驮囊。在夹板外露的各端分别系有猪肉、鱼、圆口小瓶和凤首壶。驮囊前后置有绿色丝卷和白色绸绢，绢上坐着一个商人模样的小人，左手扶驼峰，右手高举作扬鞭状。

　　唐代社会生活中，仪仗、出游、商贸等均需骑骆驼，这种现象在当时较为流行。唐三彩中有各种装束的骑驼俑，三彩乘人骆驼就是其一种形式。此乘人骆驼造型别致，制作精美，应当是唐人满载丝绸等货物外出经商这一情景的生动描述。这件三彩乘人骆驼比例虽不甚协调，但显得生动有趣，不仅展示了当时高度发展的三彩工艺水平，也反映了当时中外经济的密切往来关系，有着重要历史价值。

三彩陶马——华贵三花良马

此马全身白色，昂首，两耳竖立，双目圆睁前视，额上长鬃分梳两侧，颈鬃剪留三花，四蹄棕黄色，马尾折系向上弯曲。将马鬃剪瓣是唐朝时期比较流行的一种饰马方式，这种做法是受到突厥马饰的影响而产生的。目前唐墓出土的马俑有一花、二花和三花马，陪葬唐太宗的昭陵六骏就都剪做三花。这里的三花不仅是一种装饰，而且还是良马的最高标志。

此马装饰精美华丽，马鞍上则披有墨绿色绒毯状障泥（垂于马腹两侧，用于遮挡尘土），长垂至腹。马胸前、股后络以绿色革带，带上饰有黄色八瓣花朵，鞅（yāng）上垂挂有金铃饰件，铃间装饰有带黄点的蓝色流苏，后鞦（qiū）革带交结于马的臀部上，两侧挂有杏叶形垂饰，头上辔饰齐整，口含马嚼口和马络头，嘴角两侧带角形镖，额顶正中立一缨形饰。这件三彩陶马形态逼真，色彩对比鲜明，造型矫健生动，具有威武强壮之感，成功地塑造了盛唐时期达官贵人的华贵乘骑，是三彩中不可多得的精品。

图 107 三彩陶马

　　高54.6厘米，首尾长54.5厘米，唐代，1957年陕西省西安市鲜于庭诲墓出土，现藏于中国国家博物馆。

陶器文物释读赏析与鉴定

黄釉牵马俑——胡人爱马

俑身直立于梯形平面板座上。面涂白粉，嘴唇涂朱，头上包巾结于两鬓，身着圆领窄袖黄色长袍，长至过膝；里面穿有短襦（rú），腰间系着带子，足上蹬着长靴。浓眉深目，双眼传神，高鼻子，双唇微闭，脸颊较圆，两手握成拳屈举于胸前，像是在牵缰的样子，姿势生动有力，是一个胡人的形象。俑身施有黄色釉，釉色鲜明、均亮。站在一旁的白马，纵耳，双眼圆睁，长鬃分梳在两侧翘起，颈鬃剪

图 108 黄釉牵马俑

马高54.6厘米，长54.5厘米，俑高41厘米，唐代，1957年陕西省西安鲜于庭诲墓出土，现藏于中国国家博物馆。

有三花，尾折系，鞍上披深绿色障泥，长垂至腹下，马鞍、马勒以及辔饰俱全，头向左侧视，四肢健壮，整体彩绘鲜艳亮丽。牵马俑及马造型生动，形态逼真，虽比例不甚协调，但更加富有生趣，表现出了唐代工匠们的高超技艺。

骆驼乐舞三彩俑——乐舞百戏之表演

骆驼昂首挺立，驮载了五个汉、胡成年男子，中间的一个胡人正在跳舞，其余四人围坐着正在演奏。舞者及乐人均头戴巾饰，足上穿着短靴。他们手中的乐器仅残留下一把琵琶。骆驼载乐陶俑巧妙地夸张了人与驼的比例，造型优美生动，釉色鲜明润泽。

唐代有很多来自中亚的乐师、歌舞者留住在长安城内，他们在与唐人的交流中也促进了当时乐舞的推广，而且在某种程度上还促进了杂技项目的发展。载乐骆驼陶俑表现的应该是长安百戏中的一个杂技节目。当时在长安城的东市和西市都有专门的百戏班子，他们除自主演出外，也可由人们花钱雇演。唐玄宗也曾"召两市

图 109　骆驼乐舞三彩俑
　　骆驼头高58.4厘米，首尾长43.4厘米，舞俑高25.1厘米，唐代，现藏于中国国家博物馆。

杂戏以娱贵妃"。唐时，来自异域的乐师、歌舞者带来了很多新的乐曲和乐器，极大地丰富了当时人们的精神生活。人们在享受美妙歌舞的同时，也表达了对太平盛世的赞美和美好生活的追求。这件三彩作品整体造型新颖别致、形态逼真，引领观者渐入其境，代表了唐三彩的最高水平。

彩绘牵驼俑——胡人及"沙漠之舟"

骆驼通体彩绘草绿色，杂绘以黑色鬃毛，四腿粗壮有力，为赭红色，驼蹄肥大。骆驼曲颈扬头，双眼睁大，双耳竖立，口鼻皆张，作嘶鸣状。驼峰两侧有载物架，架下披驼鞯，驼背上铺有椭圆形花边的毯子，驼架上横置一个纹饰华丽的云彩纹丝绸豹皮囊，两侧挂着扁壶、水筒、野兔、刀鞘等物。尤为有趣的是，囊右边

图110　彩绘牵驼俑

　　驼高43厘米，俑高35厘米，唐代，1972年陕西省澧县郑仁泰墓出土，现藏于陕西历史博物馆。

还有一只机灵、调皮的小猴子爬在驮袋上，似在玩耍。牵驼俑深目，有蜷曲的连鬓胡须，身着鲜艳的翻领胡服，显然是西域胡人的形象。他侧身站立，昂首挺胸，手像是在牵拉缰绳，表现出不畏路途艰辛的神情。这个牵驼俑可能反映的是一位商人，也可能是唐朝时期胡人用于运送官文的信使。整个作品极为生动地再现了"沙漠之舟"稳健机警的形象，反映了当时丝绸之路上的运输情景。

三彩绞胎骑马射雕俑——尽显男儿气概

马通体为褐黄色，除四腿外，布满木纹状的装饰。这种装饰花纹是用毛笔在白色胎体上画好后再施彩釉烧制而成的，呈现出了绞胎三彩的效果。马鬃分梳在前额的两侧，圆目竖耳，马尾系折。骑俑的头上戴有黑色幞头（幞，音fú，幞头也叫做折上巾、软裹，是一种包头的软巾。因为幞头所用的纱罗通常为青黑色，所以也称作"乌纱"，后代俗称"乌纱帽"），穿圆领的绿长衫、长裤和尖头毡靴，腰间佩戴长剑，做侧身仰望的姿势。左手高举作握弓的样子，右手屈于胸前像是在准备拉弓弦，表现出箭欲脱弦射大雕的生动形象。此俑造型洗练，形体动作把握准确，姿态矫健，神态宛然，具有高度的艺术概括力，是三彩绞胎器中的精品。

图111 三彩绞胎骑马射雕俑
　　高36.2厘米，长30厘米，唐代，1972年陕西省乾县懿德太子墓出土，现藏于陕西历史博物馆。

陶器文物释读赏析与鉴定

架鹰胡人俑——尽显文化之交流

该俑为湖南湘阴窑的产品,该窑始烧于隋代,盛于唐代,而衰终于五代时期。唐、五代时湘阴隶属于岳州,所以称为岳州窑,产品仍以青瓷为主,是唐代六大青瓷产地之一。立俑头戴幞头,浓眉突眼,高鼻,络腮胡。头稍向右倾,面带微笑。身穿圆领立裾(jū)长袍,长袍的摆缘两侧开有小衩,腰中系着带子,结于身后。右手自然下垂,左手微举,上架一只鹰,脚上穿着靴子。

唐代是我国政治、经济、文化的开放、繁荣、发达时期,有大量的西域人来往于中原,中西商业文化交流频繁,极大地丰富了双方的物质文化生活。该俑为胡人形象,穿着却是唐代典型的冠服,与西安唐昭陵墓出土的服饰资料完全一致,为我们了解当时的服饰文化提供了真实而形象的资料;而架鹰这一习俗则与西域胡人有关,两者的结合正是展示当时文化交流的极为准确的例证。

图 112　架鹰胡人俑

　　高32厘米,唐代,湖南省湘阴县出土,现藏于湖南省博物馆。

陶器文物释读赏析与鉴定

二、鉴定古代陶器的
基本原则与方法

　　古陶器鉴定，即用科学的方法来分析、辨别、研究古代陶器的真伪及其艺术水平的程度。自古至今，出土的和流传下来的陶器不可胜数，从数量众多的古陶器中，鉴定出年代、窑口、真伪及其艺术水平的高下并不简单，然而也不是高不可攀的领域。鉴定陶器的关键在于把握历代陶器的典型风格和基本特征，多看实物、多上手接触、多总结特点，或者可以借助现代科学技术手段，如碳十四、热释光、光谱分析技术等。但因成本问题，大多数情况下都依靠人的感官来鉴定。

　　鉴定古代陶器的基本原则和方法主要是认真观察古代陶器的器物造型、图案装饰、制作工艺等。

　　1. 产地及器物造型。不同时代、不同地区有不同的审美标准、生活习惯及技术条件，这些都深刻影响着不同时代陶器的制造。这就需要我们对历代陶器文化及器物造型有一个总体的概念，记住不同地区、不同文化、不同时代的器物有什么特殊造型。同时也要注意对器物的细部进行认真的观察。如仰韶文化多见平底器，缺乏袋足器、三足器和圈足器，而龙山文化恰恰与之相反；又如仿铜陶器如陶鼎、陶豆等，流行于战国和两汉时期，而到魏晋以后几乎不见了。可见，把握陶器的形态发展过程对鉴定工作有着重大意义。

　　2. 图案装饰。陶器上的图案，无论是题材内容还是表现手法都强烈地反映着当时人们的审美观念和情趣，都有鲜明的时代风格和特点，所以我们应对其高度重视。从前文的学习中我们可以知道，马家窑文化彩陶的纹饰具有鲜明的特点，如"十""卐"以及其他花纹符号等都是其典型装饰；商代的陶器也有一个装饰特点，即喜用饕餮纹，可能是在当时青铜器影响下产生的。总之，对图案花纹的了解也非常有助于陶器的鉴定。

3. 制作工艺。不同时期生产的陶器，使用不同的工艺技术，包括器物成型、装烧方法、使用的燃料和烧成气氛等。不同的工艺会给陶器留下不同的制作痕迹，而这些痕迹也是鉴定方面的重要内容，如早期的陶器大多是捏塑或泥条盘筑，所以有指甲或泥条盘旋的痕迹；而在快轮技术下生产的陶器，其内部是均匀规整的轮纹痕迹。除了上述几种方法，还可以参考器物的胎质及出土时的组合情况等要素。此外，在鉴定过程中心态要平稳，做到谨慎、认真，不要轻易地下结论，要做到有根有据。

图片来源

图片1来自故宫博物院编《故宫陶瓷图典》，紫禁城出版社，2010年6月。

图片2、3、4、7、10、36、38、47来自邓福星主编《中国美术史·原始卷》，北京师范大学出版社，2011年1月。

图片5、6、9、13来自深圳博物馆、中国国家博物馆编《国家宝藏——中国国家博物馆典藏精品展图录》，文物出版社，2008年12月。

图片8、61、76、80来自故宫博物院编《故宫陶瓷馆》（上编），紫禁城出版社，2008年5月。

图片12、37来自陈克伦著《中国陶瓷名品珍赏丛书·彩陶》，上海人民出版社，1998年9月。

图片14、17、35、43、44、45、55、56、57、65来自中国国家博物馆编《文物中国史——史前时代》，山西教育出版社，2003年12月。

图片18来自故宫博物馆编《故宫收藏——你应该知道的200件古代陶瓷》，紫禁城出版社，2008年3月。

图片19、22、73、97来自安金槐主编《中国陶瓷全集·夏商春秋战国》，上海人民美术出版社，2000年2月。

图片21、51来自路东之编著《问陶之旅——古陶文明博物馆藏品掇英》，紫禁城出版社，2008年3月。

图片25、70来自李松主编《中国美术史·夏商周卷》，北京师范大学出版社，2011年1月。

图片26、27、28、68、71、72、77、78、81、88、89、98、99、103、104来自中国美术全集编辑委员会编《中国美术全集·工艺美术编（1）·陶瓷》（上），上海人民美术出版社，1988年12月。

图片29、105、110来自李辉柄主编《中国陶瓷全集·隋唐》，上海人民美术出版社，2000年2月。

图片30来自陆明华著《中国陶瓷名品珍赏丛书·唐三彩》，上海人民美术出版社，1998年9月。

图片31、106、111来自中国美术全集编辑委员会编《中国美术全集·工艺美术编（1）·陶瓷》（中），上海人民美术出版社，1988年12月。

图片34、42、49、50、52、54、69来自甘肃省博物馆编、韩博文主编《甘肃彩陶》，科学出版社，2008年6月。

图片40、63来自安金槐主编《中国陶瓷全集·新石器时代》，上海人民美术出版社，2000年2月。

图片53、74、83来自李辉柄主编《中国陶瓷鉴赏图典》，上海辞书出版社，2007年12月。

图片62、100来自收藏家杂志社编《陶瓷收藏鉴赏图鉴》，中国轻工业出版社，2010年1月。

图片75、79、84、94、101、102来自朱伯谦主编《中国陶瓷全集·秦汉》，上海人民美术出版社，2000年2月。

图片82、92来自东莞市博物馆编《东莞市博物馆藏陶瓷》，文物出版社，2010年9月。

图片107、108、109、112来自李辉柄主编《中国陶瓷全集·唐五代》，上海人民美术出版社，2000年2月。

参考文献

中国硅酸盐学会主编：《中国陶瓷史》，文物出版社，1982年9月。

冯先铭主编：《中国陶瓷》，上海古籍出版社，2004年1月。

故宫博物院编：《故宫陶瓷馆·上编》，紫禁城出版社，2008年5月。

故宫博物院编：《故宫陶瓷图典》，紫禁城出版社，2010年6月。

深圳博物馆、中国国家博物馆编：《国家宝藏——中国国家博物馆典藏精品展图录》，文物出版社，2008年12月。

冯雷、龙扬志：《陶鉴：历代陶瓷形、质与疵伪通考》，重庆出版社，2009年9月。

中国国家博物馆编：《文物中国史——史前时代》，山西教育出版社，2003年12月。

路东之编著：《问陶之旅——古陶文明博物馆藏品掇英》，紫禁城出版社，2008年3月。

陆明华：《中国陶瓷名品珍赏丛书·唐三彩》，上海人民美术出版社，1998年9月。

张家口市文物考古研究所编著：《张家口古陶瓷集萃》，科学出版社，2008年5月。

李辉柄主编：《中国陶瓷鉴赏图典》，上海辞书出版社，2007年12月。

东莞市博物馆编：《东莞市博物馆藏陶瓷》，文物出版社，2010年9月。

故宫博物馆编：《故宫收藏——你应该知道的200件古代陶瓷》，紫禁城出版社，2008年3月。

甘肃省博物馆编、韩博文主编：《甘肃彩陶》，科学出版社，2008年6月。

陈克伦：《中国陶瓷名品珍赏丛书·彩陶》，上海人民出版社，1998年9月。

收藏家杂志社编：《陶瓷收藏鉴赏图鉴》，中国轻工业出版社，2010年1月。

邓福星主编：《中国美术史·原始卷》，齐鲁书社，2000年12月。

邓福星主编：《中国美术史·原始卷》，北京师范大学出版社，2011年1月。

李松主编：《中国美术史·夏商周卷》，北京师范大学出版社，2011年1月。

顾森主编：《中国美术史·秦汉卷》，北京师范大学出版社，2011年1月。

中国美术全集编辑委员会编：《中国美术全集·工艺美术编（1）·陶瓷》（上），上海人民美术出版社，1988年12月。

中国美术全集编辑委员会编：《中国美术全集·工艺美术编（1）·陶瓷》（中），上海人民美术出版社，1988年12月。

安金槐主编：《中国陶瓷全集·新石器时代》，上海人民美术出版社，2000 年2月。

安金槐主编：《中国陶瓷全集·夏商春秋战国》，上海人民美术出版社，2000 年2月。

朱伯谦主编：《中国陶瓷全集·秦汉》，上海人民美术出版社，2000 年2月。

李辉柄主编：《中国陶瓷全集·隋唐》，上海人民美术出版社，2000 年2月。

李辉柄主编：《中国陶瓷全集·唐五代》，上海人民美术出版社，2000 年2月。

陈百华编：《中国古陶收藏与鉴赏》，上海大学出版社，2004年9月。

叶茂林：《陶器鉴赏》，漓江出版社，1995年1月。

张之恒主编：《文物鉴定指南》，东南大学出版社，1995年12月。

延伸阅读书目

权奎山、孟原召编： 《20世纪中国文物考古发现与研究丛书·古代陶瓷》，文物出版社，2008年11月。

郎树德、贾建威编： 《彩陶》，敦煌文艺出版社，2004年2月。

林少雄编： 《人文晨曦——中国彩陶的文化解读》，上海文化出版社，2001年1月。

肖克之、张合旺、曹建强编： 《汉代陶器与古代文明》，中国农业出版社，2000年7月。

李广宁编： 《陶瓷器》，黄山书社，1995年1月。

陆明华编： 《中国陶瓷》，上海外语教育出版社，2002年3月。

传世文化编： 《古玩图鉴·陶瓷篇》，文物出版社，2007年7月。

陈锦编： 《中国陶瓷》，百花洲文艺出版社，2009年7月。

刘敦愿： 《美术考古与古代文明》，人民美术出版社，2007年7月。

中央电视台《国宝档案》栏目组编： 《国宝档案（4）——玉器、陶器、瓷器、金银器案》，中国民主法制出版社，2009年10月。

叶喆民： 《中国陶瓷史》，生活·读书·新知三联书店，2011年3月。

后记

　　什么是陶器？这一问题似乎略显简单，也许每个人都会对它有自己的理解和阐释。然而，我们每个人都能对陶器所包含的诸多文化意义进行解读吗？

　　陶器有着非常古老的历史，它是旧石器时代晚期的伟大发明，在人类的发展史上开辟了新的纪元。陶器是人类第一次利用天然物，通过劳动改变了物质的结构和性质而创造出来的一种崭新的物质，它是人类生活智慧的结晶，是"土与火结合"淋漓尽致的表现；它揭开了人类利用自然、改造自然的新篇章，具有重大的划时代意义。

　　本书是一本关于中国陶器文物基础知识的普及读物，所涉及的陶器文物范围广而经典，知识全面而准确，语言浅显易懂且带有一定的趣味性。全书分为四个部分，即陶器的基本知识、陶器的发展史、陶器文物的释读与赏析、鉴定古代陶器的基本原则和方法。其中，陶器文物的释读与赏析部分篇幅较大，包括对原始陶塑艺术类、生活用具类、明器类和陶俑类。这一部分以图文并茂的形式展现出来，意在使读者从形、意两方面了解不同时代、地域的陶器特点与风格。我们知道，中华文明的起源与发展呈现的是多元化的特点，这一点已被科学考古工作所证实。该书在对各时代的陶器文物进行梳理时，比较注重于展示色彩纷呈的中华多元文化，使读者能够对中华文明的整体性及特殊性有所认识并熟知。

在此，向读者朋友们提出一点建议，希望我们大家在懂得文物基本知识及内涵价值的同时，做到爱护文物、保护文物，保护我们珍贵的历史文化遗产！最后，希望这本读物能够给读者朋友们带来一次享受知识的旅程，能够引导大家去探寻、开启多彩文化的内涵与生命之门，体现其应有的价值。